DIE ECHTE [illegible]
LASAGNE UND PASTA
REZEPTE

100 TOP RECIPES (Lasagne-Kochbuch, Lasagne-Rezepte, Pasta-Kochbuch, vegetarische Lasagne, italienische Küche, Pasta-Rezepte)

ANGELA KLEIN

Inhaltsverzeichnis

EINFÜHRUNG

Lasagne ist ein beliebtes Nudelgericht, das im Ofen gebacken wird. Wenn es so etwas wie eine klassische Lasagne gibt, wird sie mit einem Rindfleisch-Tomaten-Ragout und einer Bechamelsauce zubereitet. Diese werden zwischen Nudelteigplatten in eine Auflaufform gelegt (zwei oder drei Schichten für eine Lasagne), mit Käse (typischerweise Parmesan oder Mozzarella) überzogen und etwa 30 Minuten gebacken.

Es gibt zahlreiche Lasagne-Sorten. Gemüselasagne, Lasagne ohne Bechamel, Hühnchenlasagne, fleischlose Käselasagne, Lasagne ohne Sauce (nur Gemüse und/oder Fleisch) und sogar Lasagne ohne Pasta sind alle Optionen.

Beginnen Sie mit dem Hauptprodukt (Ragout, Gemüse, Meeresfrüchte usw.), dann eine Schicht Bechamel, eine Schicht Nudelblätter und schließlich noch einmal die Hauptzutat. Wiederholen, bis die Auflaufform vollständig gefüllt ist. Mit einer Schicht Spaghetti, einer Schicht Bechamel und einer Prise Käse abschließen.

Bei einigen Rezepten müssen Sie die Bechamelsauce zwischen die Nudeln und den Ragu geben, während Sie bei anderen in die Ragu- oder Tomatensauce mischen. Dies scheint eine Frage des persönlichen Geschmacks und der Wahl zu sein.

Zusätzlich zum Auflegen von Käse auf die Lasagne ist es eine gute Idee, etwas in die Bechamelsauce zu geben, um der Lasagne einen Käsegeschmack zu verleihen, anstatt nur darauf. Bevor Sie den Käse in die Bechamelsauce geben, schalten Sie die Hitze aus. Andernfalls wird die Sauce gummiartig.

Beim Nudelteig haben Sie die Möglichkeit, selbstgemachte Nudeln oder getrocknete Spaghetti aus dem Laden zu verwenden. Es gibt einen deutlichen Unterschied in Geschmack und Textur zwischen getrockneten Nudeln und hausgemachten frischen Nudeln, da trockene Nudeln nur aus Wasser und Mehl hergestellt werden und frische Nudeln häufig mit Eiern zubereitet werden. Der größte Unterschied liegt jedoch in der Benutzerfreundlichkeit. Pasta von zu Hause aus zuzubereiten ist eine zeitaufwändige Technik, die einige Erfahrung erfordert. Vor der Zubereitung der Lasagne ist auch das Vorkochen frischer Nudeln erforderlich. Ein frisches Pasta-Rezept finden Sie auf der Pasta-Seite.

Neben den Bandnudeln werden die primären Teigwarenformen in mundgerechte Teigwaren unterteilt. Lebensmittel wie Fliege-Nudeln, Spiralnudeln, Makkaroni und Gnocchi fallen in die erste Kategorie. Engelshaar und Spaghetti bilden die andere Form. Die Vorliebe ist Linguini, weil die längeren Nudeln zweifellos faszinierender sind und die volleren Sorten die Sauce gut halten.

Lasagne ist eine Bandnudeln, und ein gutes Lasagnegericht ist eines der leckersten und beliebtesten Hausmannskost auf dem Markt. Die meisten Nudeln werden aus fein gemahlenem Grießmehl oder Weizenmehl hergestellt, wenn auch nicht alle. Aus Kartoffelmehl werden Gnocchi-Nudeln hergestellt, die auch sättigender sind als normale Nudeln. Pasta besteht aus Eiern und Mehl und ist daher auch ganz einfach von zu Hause aus zuzubereiten.

1. NUDELN MIT ROSMARIN-TOMATENSAUCE

Zutaten

- 400 g Nudeln
- 2 Schalotten
- 2 Knoblauchzehen
- 2 Zweig(e) Rosmarin (frisch)
- Monini CLASSICO Olivenöl
- 400 ml Polpo (Tomatensauce mit Stücken)
- Salz-
- Pfeffer (aus der Mühle)

Vorbereitung

1. Die Nudeln nach Packungsanweisung al dente kochen und abtropfen lassen.
2. In der Zwischenzeit Schalotten und Knoblauch schälen und fein hacken. Rosmarin vom Zweig zupfen.
3. Das Monini CLASSICO Olivenöl in einer Pfanne erhitzen und die Schalotten und den Knoblauch darin rösten. Rosmarin hinzufügen. Die Polpa darüber gießen und kurz köcheln lassen. Zum Schluss mit Salz und Pfeffer würzen.
4. Die Nudeln in die Sauce geben und servieren.

2. VEGETARISCHE PASTA BOLOGNESE

Zutaten

- 60 g Nudeln
- ½ Zwiebel
- 100 g Sojahack
- 1 EL Leinsamen (zerkleinert)
- 50 g pürierte Tomaten
- 20 g getrocknete Tomaten
- 1 EL Pinienkerne
- 2 EL Parmesan
- 1 EL Kokosöl

Vorbereitung

1. Kochen Sie die Nudeln nach den Anweisungen auf der Packung.
2. Kokosöl in einer Pfanne erhitzen.
3. Die Zwiebeln hacken und in der Pfanne mit Sojahack und Pinienkernen anbraten.
4. Leinsamen, getrocknete und pürierte Tomaten dazugeben und die Sauce umrühren.
5. Nudeln und Sauce mischen und mit Parmesan bestreuen.

3. PASTA MIT ORANGEN-LACHSSAUCE

Zutaten

- 1/2 Stück Zwiebel (ca. 30 g)
- 1/2 Knoblauchzehe
- 25 ml süße Sahne
- 5 EL Orangensaft (100% Frucht)
- 100 g Seelachsfilet
- 1 Prise Jodsalz
- 1 Prise schwarzer Pfeffer
- 100 g Penne (Nudeln)
- 50 ml Milch (fettarm 1,5 % Fett)

Vorbereitung

1. Bereiten Sie die Penne nach Anleitung zu.
2. Sauce: Zwiebel und Knoblauch würfeln, nacheinander in etwas Öl anbraten.
3. Mit Sahne, Milch und Saft ablöschen.
4. Auf die gewünschte Konsistenz köcheln lassen oder mit einem Saucenbinder andicken.
5. Nach Geschmack würzen.
6. Den Lachs in feine Streifen schneiden und unmittelbar vor dem Servieren in die Sauce geben.

4. PENNESALAT MIT ROTE-BETE-PESTO-SAUCE

Zutaten

- 400 g Penne-Nudeln
- 1 Orange
- 1 Salat
- 1 Avocado
- ½ Zitrone
- ½ rote Zwiebel

Für Rote-Bete-Pesto-Sauce:

- 200 g gekochte Rüben
- 50 g Parmesankäse
- 50 ml natives Olivenöl extra Borges
- Ein bisschen Milch
- Salz

Vorbereitung

1. Für das Pesto einfach alle Zutaten verquirlen. Die Orange schälen und in Stücke schneiden.

Salat waschen, trocknen und schneiden. Avocado schälen und in Würfel schneiden und eine halbe Zitrone auspressen, damit sie nicht braun wird. Schäle und schneide die Zwiebel. Den Salat in eine Schüssel geben, die Rote-Bete-Pesto-Sauce hinzufügen und etwas mehr Borges Natives Olivenöl Extra hinzufügen. Mit den restlichen Zutaten abschließen und mit ein paar Orangenstücken dekorieren.

5. SPINATLASAGNE MIT RAHMSPINAT

Zutaten

- 600 G Rahmspinat, gefroren
- 12 Stück Lasagneplatten, ohne Vorkochen
- 120 G Gorgonzola
- 1 Stück Knoblauchzehe
- 1 TL Butter, für die Form
- 0,5 Bch Sauerrahm oder Crème fraîche
- 150 ml Schlagsahne
- 100 G Käse, gerieben, zB Gouda, Cheddar

Vorbereitung

1. Zuerst den Knoblauch schälen und fein hacken. Den gefrorenen Rahmspinat in der Mikrowelle (bei 400 Watt) ca. 15 Minuten

auftauen und den Knoblauch mit dem aufgetauten Spinat mischen.

2. In der Zwischenzeit eine Auflaufform mit Butter einfetten und den Backofen auf 200°C Ober-/Unterhitze vorheizen.
3. Als nächstes den Käse grob hacken. Die Auflaufform mit 1/3 der Lasagneblätter auslegen und die Hälfte des Rahmspinats darauf verteilen. Die Hälfte des Gorgonzola über den Spinat streuen, dann die nächste Lage Lasagneblätter darauf legen.
4. Nun wieder Spinat und Gorgonzola einschichten, zuletzt mit den restlichen Lasagneblättern belegen.
5. Zum Schluss den Sauerrahm auf den Pastatellern verteilen. Den geriebenen Käse mit der Sahne mischen und auf der Sauerrahmschicht verteilen.
6. Die Spinatlasagne mit Rahmsahne ca. 30-35 Minuten im vorgeheizten Backofen auf der mittleren Schiene goldbraun braten.
7. Die fertige Lasagne aus dem Ofen nehmen und vor dem Servieren weitere 5 Minuten ruhen lassen.

6. VEGANE SPINATLASAGNE

Zutaten

- 250 G Lasagneblätter
- 250 G Spinat, gefroren

Zutaten für die vegane Bechamel

- 250 ml Wasser
- 750 ml Sojamilch
- 1 Preis Muskatnuss, gemahlen
- 1 TL Salz
- 1 Preis frisch gemahlener Pfeffer
- 200 G Margarine, vegan
- 200 G Mehl

Vorbereitung

1. Den Backofen auf 180°C Umluft vorheizen.
2. Als nächstes den Spinat in ein Sieb geben und auftauen lassen.
3. Für die Bechamelsauce die Margarine in einem Topf schmelzen, das Mehl nach und nach hinzufügen, gut umrühren und langsam die Sojamilch und das Wasser dazugießen.
4. Die Sauce nun ca. 30 Minuten auf kleiner Flamme köcheln lassen und mit Salz und Pfeffer würzen.
5. Dann den aufgetauten Spinat mit der Sauce mischen und abwechselnd mit Lasagneplatten in eine Lasagneform schichten. Mit Bechamelsauce abschließen und die vegane Spinat-Lasagne ca. 30 Minuten im vorgeheizten Backofen backen.

7. LASAGNE OHNE BECHAMEL

Zutaten

- 250 G Lasagneblätter, ohne Vorkochen
- 200 G Parmesan, gerieben

Zutaten für die Hackfleischsauce

- 2 Stück Schalotten, klein
- 2 Stück Knoblauchzehen, klein
- 500 G Gehackt Fleisch, gemischt
- 2 EL geklärte Butter
- 1,5 TL Salz-
- 2 EL Tomatenmark
- 700 G Tomaten, passiert
- 150 G Creme fraiche
- 1 EL Zucker
- 2 TL Oregano, fein gehackt / getrocknet
- 1 EL Olivenöl

- 3 Preis Pfeffer aus der Mühle

Vorbereitung

1. Zuerst die Schalotten und die Knoblauchzehen schälen und in kleine Stücke schneiden. Den Backofen auf ca. 180 Grad (Ober- und Unterhitze).
2. Dann das Butterschmalz in einer Pfanne erhitzen, das Hackfleisch bröselig anbraten und am besten mit einem Spatel zerkleinern. Sobald das Fleisch braun geworden ist, die Schalotten und den Knoblauch dazugeben und kurz weiterbraten.
3. Als nächstes Tomatenmark und Olivenöl einrühren und anbraten. Anschließend mit den Tomaten ablöschen, Crème fraîche unterrühren, aufkochen, Sauce vom Herd

nehmen und mit Salz, Pfeffer, Zucker und Oregano (nach Belieben) gut würzen.

4. Nun etwas Soße in eine geeignete Auflaufform geben, eine Schicht der Lasagneplatten darauf legen, dann wieder etwas Hackfleischsoße darauf verteilen, dann wieder Lasagneplatten und den Vorgang wiederholen bis die Zutaten aufgebraucht sind - die Soße sollte die letzte Schicht bilden .
5. Zum Schluss den Parmesan darauf verteilen und die Lasagne ohne Béchamel im vorgeheizten Backofen auf dem Rost im unteren Drittel ca. 40 Minuten goldbraun backen.

8. LACHS-BROKKOLI-LASAGNE

Zutaten

- 900 G Brokkoli
- 1 Stück Zwiebel, gehackt
- 40 G Butter
- 50 G Mehl
- 140 ml Sahne
- 120 ml Milch
- 80 G Gouda, gerieben
- 3 EL Dill, gehackt
- 12 Stück Lasagneblätter (ohne Kochen)
- 300 G Geschnitten Räucherlachs
- 1 Preis Muskatnuss, gemahlen
- 1 Preis Salz und Pfeffer

Vorbereitung

1. Zuerst den Brokkoli putzen, in kleine Röschen schneiden, waschen und in 0,5 Liter kochendem Salzwasser ca. 4 Minuten al dente kochen. Anschließend den Brokkoli durch ein Sieb streichen und das Kochwasser auffangen.
2. Butter in einer Pfanne schmelzen, Zwiebelstücke glasig dünsten, Mehl bestäuben und kurz anbraten. Sahne, Milch und Brokkoliwasser unter Rühren nach und nach dazugeben und bei schwacher Hitze ca. 10 Minuten köcheln lassen. Anschließend die Sauce mit Muskat, Salz und Pfeffer abschmecken und Dill und Käse unterrühren.
3. Etwas Sauce in einer rechteckigen Auflaufform verteilen, dann 4 Lasagneplatten darauf verteilen und die Hälfte des Räucherlachses und die Hälfte der Brokkoliröschen darauflegen. Mit 1/3 der Soße bedecken. Dann 4 Blätter Lasagne, Lachs und Brokkoli schichten. Ein weiteres Drittel der Sauce darüber verteilen. Mit den restlichen Lasagneblättern bedecken, mit dem restlichen Brokkoli belegen und mit der Sauce übergießen.

4. Die Lachs-Brokkoli-Lasagne im vorgeheizten Backofen (Ober-/Unterhitze: 200°C, Umluft 175°C) ca. 40 Minuten backen.

9. LACHSLASAGNE

Zutaten

- 200 G Lasagneblätter, grün
- 1 TL Salz-
- 400 G Lachsfilet
- 5 TL Zitronensaft
- 1 Stück Zwiebel, fein gehackt
- 2 Stück Knoblauchzehen, gehackt
- 60 G Butterflocken
- 3 EL Olivenöl
- 120 ml Weißwein, trocken
- 200ml Sahne
- 1 Preis Paprika
- 1 EL Zitronenschale, gerieben
- 120 G Gorgonzola
- 100 G Parmesan, gerieben

Vorbereitung

1. Für die Lachslasagne die Lasagneblätter nach Packungsanweisung kochen, abtropfen lassen und abtropfen lassen.
2. Anschließend die Lachsfilets waschen, mit Küchenpapier trocken tupfen, mit Zitronensaft beträufeln, salzen und in Würfel schneiden.
3. Nun das Olivenöl in einer Pfanne erhitzen, die fein gehackte Zwiebel und den Knoblauch anschwitzen, die Fischstücke dazugeben und kurz anbraten. Weißwein und Sahne einrühren und etwas einreduzieren. Parmesan einrühren und mit der geriebenen Zitronenschale, Salz und Pfeffer würzen.
4. Eine Auflaufform mit Olivenöl bepinseln und die Lachsmischung und die Nudelplatten darauf verteilen und mit einer Nudelschicht belegen.
5. Dann den Gorgonzola mit einer Gabel zerdrücken und zusammen mit Butterflocken auf der Lasagne verteilen.
6. Im vorgeheizten Backofen (220 °) 20-25 Minuten backen.

10. GEMÜSELASAGNE

Zutaten

- 1 Bch Sahne
- 100 G Pilze
- 2 Stück Zwiebel, klein
- 2 EL Olivenöl, für die Form
- 1 Dose Tomaten
- 1 Stück Zucchini
- 1 Preis Oregano
- 1 Preis Salz
- 1 Pk Lasagneblätter
- 100 G Käse, gerieben
- 1 TL Gemüsebrühe

Vorbereitung

1. Für die Gemüselasagne zuerst den Backofen auf 180 Grad (Ober-Unterhitze) vorheizen und eine Auflaufform mit etwas Öl einfetten.
2. In der Zwischenzeit die Champignons putzen oder bürsten (nicht waschen) und in Scheiben schneiden. Die Zwiebeln schälen und fein hacken. Zucchini waschen und fein reiben.
3. Dann das Öl in einer Pfanne erhitzen und die Zwiebelstücke darin glasig dünsten. Dann die Champignonscheiben dazugeben und kurz mitbraten.
4. Nun die Tomaten und Zucchini dazugeben und die Gemüsebrühe darübergießen. Mit Salz und Oregano würzen und etwa 5 Minuten köcheln lassen.
5. Zum Schluss die Sahne unterrühren und nochmals mit Salz und Oregano würzen.
6. Legen Sie nun eine Lage Lasagneplatten in die Auflaufform, gießen Sie dann etwas von der Gemüsesauce darüber und eine weitere Lage Lasagneplatten. Wiederholen Sie den Vorgang, bis die Zutaten aufgebraucht sind.
7. Zum Schluss die Gemüselasagne mit dem geriebenen Käse bestreuen und im vorgeheizten Backofen ca. 40 Minuten backen.

11. MEDITERRANER NUDELSALAT

Zutaten

- 160 g Spiralnudeln (roh)
- 160 g Tomaten
- 200 g Gurke
- 100 ml Magerjoghurt (abgetropft)
- Balsamico Essig
- 1 EL Olivenöl
- Salz-
- Pfeffer
- Basilikum (frisch oder getrocknet)

Vorbereitung

1. Zuerst die Spiralnudeln in Salzwasser kochen, bis sie al dente sind.
2. Tomaten und Gurken waschen und in mundgerechte Stücke schneiden.
3. Alle Zutaten mischen, mit Essig und Öl marinieren und den Joghurt unterrühren.
4. Den Nudelsalat mit Salz, Pfeffer und Basilikum würzen, anrichten und servieren.

12. NUDELSALAT MIT GEBRATENEM GEMÜSE

Zutaten

- 225 g Fusilli
- Salz-
- 2 Zucchini (400g)
- 1 Paprika (rot, 100 g)
- 1 Paprika (gelb, 100 g)
- 1 Zwiebel (rot, 74 g)
- 2 EL Olivenöl
- 2 EL KUNER Original Mayonnaise (80% Fett)
- 2 EL Balsamico-Essig
- 50 g Oliven (ohne Stein, geviertelt)
- 2 EL Basilikum (gehackt)

Vorbereitung

1. Für den Nudelsalat mit gebratenem Gemüse die Nudeln zunächst in Salzwasser bissfest kochen und abtropfen lassen.
2. Backofen auf 200 °C vorheizen.
3. Zucchini, Paprika und Zwiebel würfeln, auf ein Backblech mit Backpapier legen und mit 1 EL Olivenöl beträufeln. 25 Minuten braten oder bis das Gemüse gar ist, dabei einmal wenden.
4. Essig, Öl und Mayonnaise vermischen.
5. Das geröstete Gemüse mit dem Dressing und den restlichen Zutaten in einer großen Schüssel mischen.
6. Die Nudeln unterheben und sofort den Nudelsalat mit geröstetem Gemüse servieren.

13. THUNFISCHNUDELN

Zutaten

- 1 Dose(n) Thunfisch (natur)
- 7 Kapern
- 1/2 Glas Tomaten (getrocknet, in Öl; alternativ frische Tomaten)
- 7 Oliven
- 1/2 Zwiebel
- Chili-Öl
- Knoblauchöl
- 250 g Spaghetti

Vorbereitung

1. Die Zwiebel in kleine Würfel schneiden. Die getrockneten Tomaten würfeln und den Thunfisch abtropfen lassen.
2. Die Spaghetti nach Packungsanweisung kochen.
3. Chili- und Knoblauchöl in eine Pfanne geben und die Zwiebel anschwitzen. Tomaten, Kapern, Oliven und Thunfisch hinzufügen. Kurz köcheln lassen, etwas Nudelwasser dazugeben und Zitronensaft hinzufügen.
4. Die gekochten Nudeln mit der Sauce anrichten und servieren.

14. SCHNELLE GEMÜSELASAGNE

Zutaten

- 12. Stk Lasagneblätter nach Bedarf
- 60 G Käse, gerieben

Zutaten für das Gemüse

- 750G Buttergemüse, gefroren
- 40 G Butter
- 4. EL Mehl, weiß
- 1 Liter Milch
- 60 G Käse, gerieben
- 1 TL Salz-
- 0,25 TL Muskatnuss

Zutaten für die Tomatensauce

- 500 G Tomaten, passiert
- 130 G Creme fraiche

Vorbereitung

1. Lassen Sie das Gemüse dazu rechtzeitig auftauen.
2. Für das Gemüse die Butter in einem Topf schmelzen, dann das Mehl einstreuen, eine schwache Farbe annehmen lassen und die Milch portionsweise unter kräftigem Rühren dazugießen.
3. Dann die Sauce aufkochen, mit Salz und Muskat abschmecken, dann das Buttergemüse und den Käse dazugeben, den Käse schmelzen und alles gut verrühren.
4. Für die oberste Schicht die Crème fraîche mit ca. 4 EL Tomatenpüree mischen und zubereiten.
5. Den Backofen auf 200°C (mit Ober- und Unterhitze) vorheizen.
6. Dann etwas Gemüsesauce in eine geeignete Auflaufform geben. Die Form mit den Lasagne-Nudeln darauf legen, 1 Lage Tomatenpüree darüberträufeln, diese wieder mit der Gemüsefüllung bedecken. Dann wieder mit Lasagne-Nudeln beginnen und so weiter. (Je nach Pfannengröße mindestens 3 Lagen Nudeln schichten).
7. Das Finish sollte 1 Schicht Nudeln sein, bedeckt mit der Crème fraicheche

Tomatensauce und mit Käse bestreut. Anschließend die schnelle Gemüselasagne im Backofen im unteren Drittel ca. 30 Minuten backen.

15. TOMATENSAUCE

Zutaten

- 125 g Tomaten (geschält)
- 125 ml Nudeln
- 1 Zwiebel (klein)
- 1 Stange(n) Lauch (klein)
- Zucker
- Salz-
- Pfeffer
- 1 Knoblauchzehe
- 1 Teelöffel Erdnussöl
- Basilikum (frisch)

Vorbereitung

1. Knoblauch und Zwiebel fein hacken, Lauch in Scheiben schneiden, dann in Öl glasig anschwitzen.
2. Tomaten, Passata und Zucker hinzufügen. 10 Minuten langsam köcheln lassen.
3. Mit Salz und Pfeffer abschmecken, alles zusammen pürieren und mit Basilikum servieren.

16. ROSENKOHL-DATTEL-CASHEW-SUPPE

Zutaten

- 110 g Cashewnüsse
- 300 g Rosenkohl
- 500 ml Gemüsebrühe
- 5 Datteln (ohne Stein)
- 1 Bio-Zitrone
- 1 Handvoll Kräuter (5 g; zB Petersilie)
- 1 Prise Himalayasalz
- Pfeffer
- rosa Pfefferbeeren

Vorbereitungsschritte

1. 100 g Cashewnüsse in 200 ml Wasser mindestens 4 Stunden einweichen. Anschließend mit einem Mixer zu einer Creme verarbeiten.
2. In der Zwischenzeit den Rosenkohl putzen und waschen, mit der Gemüsebrühe in einen Topf geben und bei mittlerer Hitze 15-20 Minuten garen. Dann den Rosenkohl abtropfen lassen und einige Röschen beiseite stellen. Den restlichen Kohl mit der Cashewcreme und 200 ml Wasser und den Datteln nach und nach dazugeben bis die gewünschte Konsistenz erreicht ist und zu einer cremigen Suppe pürieren.
3. Drücken Sie die Zitrone aus. Kräuter waschen, trocken schütteln und hacken. Die Suppe mit Zitronensaft, Salz und Pfeffer würzen und den Rosenkohl beiseite stellen. Die Suppe in Schalen anrichten und mit den restlichen Cashewnüssen, rosa Pfefferbeeren und Kräutern bestreuen.

17. NUDELSALAT MIT PESTO GENOVESE

Zutaten

- 300 g Farfalle
- 50 g Rucola
- 200 g Kirschtomaten
- Pfeffer
- 80 g Bresaola
- 10 ml Gemüsesuppe
- 5 ml Weißweinessig
- 3 EL Barilla Pesto Genovese
- 3-4 EL Olivenöl

Vorbereitung

1. Für den Nudelsalat reichlich Salzwasser zum Kochen bringen. Die Farfalle dazugeben und al dente kochen. In ein Sieb gießen und kurz in kaltem Wasser abspülen, damit die Nudeln nicht kleben.
2. Während die Farfalle kocht, Rucola waschen und gut abtropfen lassen.
3. Die Cherrytomaten halbieren und die Schnittflächen mit Salz und Pfeffer würzen. Kurz ziehen lassen.
4. Bresaola oder in schmale Streifen schneiden. In einer großen Schüssel Bouillon, Essig, Pesto Genovese, Salz und Pfeffer vermischen und dann das Olivenöl dazugeben.
5. Vor dem Servieren Farfalle, Rucola und Cherrytomaten in die Sauce geben und alles sorgfältig vermischen. Bei Bedarf würzen.
6. Den Nudelsalat mit der Bresaola garnieren

18. ZUCCHINI-LASAGNE

Zutaten

- 8. Stk Lasagneblätter
- 1 Dose Pizzatomaten, klein
- 20. G Semmelbrösel
- 20. G Butter
- 1 Preis Salz-
- 1 Preis Pfeffer
- 1 EL Butter oder Öl, für die Form

Zutaten für die Zwiebel-Zucchini-Mischung

- 300 G Zucchini, frisch
- 1 EL Olivenöl
- 1 Stück Zwiebel

Zutaten für die Ricotta-Mischung

- 200 G Ricotta
- 1 Preis Salz-
- 1 Preis Gemahlener Pfeffer
- 1 TL gemahlener Kreuzkümmel

Vorbereitung

1. Zuerst den Backofen auf 180 °C vorheizen und eine Auflaufform mit etwas Öl oder Butter einfetten.
2. Zucchini waschen, längs in Scheiben schneiden und in feine Streifen schneiden. Zwiebeln schälen und in feine Stücke schneiden.
3. Öl in einer Pfanne erhitzen und die Zucchinistreifen darin anbraten. Dann die Zwiebelstücke in die Pfanne geben und kurz anbraten.
4. Ricotta mit Kreuzkümmel, Salz und Pfeffer würzen und gut verrühren.
5. Die Pizzatomaten mit Salz und Pfeffer würzen.

6. Nun die Hälfte der Tomaten in die vorbereitete Auflaufform geben, die ersten beiden Lasagneplatten darauf legen und mit 1/4 der Ricotta-Mischung und 1/3 der Zwiebel-Zucchini-Mischung bestreichen.
7. Den Vorgang zweimal wiederholen und mit zwei Lasagneblättern abschließen.
8. Nun die restliche Ricotta-Mischung mit 3 EL Wasser vermischen und die oberen Lasagneplatten damit bestreichen.
9. Zum Schluss Semmelbrösel und Butter auf der Zucchini-Lasagne verteilen und im vorgeheizten Backofen ca. 30 Minuten backen.

19. ZUCCHINI-LASAGNE MIT LACHS

Zutaten

- 400 G Zucchini
- 350 G Lachsfilet, ohne Haut
- 1 Föderation Basilikum
- 3 EL Parmesan, frisch gerieben
- 2 EL Olivenöl

Zutaten für die Lasagneblätter

- 10 Stück Lasagneblätter
- 0,5 TL Salz, für das Kochwasser

Zutaten für die Ricottasauce

- 250 G Ricotta
- 100 ml Milch
- 1 EL Zitronensaft
- 1 TL Zitronenschale
- 1 Preis Salz-
- 1 Preis Pfeffer, schwarz, frisch gemahlen

Vorbereitung

1. Salzwasser in einem Topf zum Kochen bringen, die Lasagneblätter dazugeben und 5 Minuten kochen lassen. Dann abgießen, kalt abspülen und in eine Schüssel mit kaltem Wasser geben, damit sie nicht kleben.
2. Zucchini waschen, putzen und längs in Scheiben schneiden. Basilikum waschen, trocken schütteln und die Blätter fein schneiden.
3. Backofen auf 180°C Ober-/Unterhitze vorheizen.
4. Für die Ricottasauce den Ricotta in einer Schüssel mit Milch, Zitronenschale, Salz, Pfeffer und Zitronensaft verrühren. Lachs kalt abspülen, trocken tupfen und in mundgerechte Würfel schneiden.

5. Legen Sie nun eine Schicht Lasagneplatten in eine Auflaufform. Einen Teil der Lachswürfel und die Zucchinischeiben darüber schichten und mit Salz und Pfeffer würzen. Etwas Basilikum darüberstreuen und etwas von der Ricottasauce darüber streuen.
6. Die restlichen Zutaten in derselben Reihenfolge schichten und mit der Ricottasauce abschließen. Zum Schluss das Olivenöl über die Zucchini-Lasagne mit Lachs träufeln.
7. Den geriebenen Parmesankäse über die Lasagne streuen und die Form auf die mittlere Schiene im heißen Ofen schieben. Die Lasagne etwa 30 Minuten backen und dann sofort servieren.

20. VEGANE SPINATLASAGNE

Zutaten

- 250 G Lasagneblätter
- 250 G Spinat, gefroren

Zutaten für die vegane Bechamel

- 250 ml Wasser
- 750 ml Soja Milch
- 1 Preis Muskat, gemahlen
- 1 TL Salz-
- 1 Preis frisch gemahlener Pfeffer
- 200 G Margarine, vegan
- 200 G Mehl

Vorbereitung

1. Den Backofen auf 180°C Umluft vorheizen.
2. Als nächstes den Spinat in ein Sieb geben und auftauen lassen.
3. Für die Bechamelsauce die Margarine in einem Topf schmelzen, das Mehl nach und nach hinzufügen, gut umrühren und langsam die Sojamilch und das Wasser dazugießen.
4. Die Sauce nun ca. 30 Minuten auf kleiner Flamme köcheln lassen und mit Salz und Pfeffer würzen.
5. Dann den aufgetauten Spinat mit der Sauce mischen und abwechselnd mit Lasagneplatten in eine Lasagneform schichten. Mit Bechamelsauce abschließen und die vegane Spinat-Lasagne ca. 30 Minuten im vorgeheizten Backofen backen.

21. RINDERHACK- UND ZUCCHINI-LASAGNE

Zutaten

- 3 Zwiebeln
- 2 Knoblauchzehen
- 200 g Karotten
- 100 g Selleriewurzel
- 1 EL Olivenöl
- 500 g Hackfleisch
- 2 EL Tomatenmark
- 400 g geschälte Tomatenstücke (1 Dose)
- 250 ml Rinderbrühe
- Salz-
- Pfeffer aus der Mühle
- 2 TL Kräuter der Provence
- 400 g Zucchini
- 100 g Pecorino (1 Stück)
- 10 Vollkorn-Lasagneplatten
- Basilikum

Vorbereitungsschritte

1. Zwiebeln und Knoblauch schälen und fein hacken. Möhren und Sellerie putzen und grob raspeln. Öl in einer großen Pfanne erhitzen. Zwiebeln, Knoblauch, Karotten und Sellerie sowie Hackfleisch dazugeben und bei mittlerer Hitze ca. 10 Minuten anbraten. Tomatenmark einrühren und kurz anrösten.
2. Tomaten dazugeben und einige Minuten kochen lassen. Brühe einfüllen. Mit Salz, Pfeffer und Kräutern würzen. Bei schwacher Hitze weitere 10 Minuten köcheln lassen.
3. Zucchini waschen, putzen und längs in dünne Scheiben schneiden. Den Pecorino reiben. In einer Auflaufform abwechselnd Sauce, Pastateller und Zucchini schichten. Mit der Sauce abschließen und mit Pecorino-Käse bestreuen. Im vorgeheizten Backofen bei 180 °C (Umluft 160 °C; Gas: Stufe 2-3) ca. 30 - 40 Minuten.
4. Basilikum waschen, trocken schütteln. Die Lasagne herausnehmen, portionieren und mit Basilikumblättern garnieren.

22. THUNFISCH-LASAGNE

Zutaten

- 6. Stk Lasagneblätter, weiß, vorgegart
- 2 TL Olivenöl
- 150 G Parmesan, gerieben

Zutaten für die Thunfischsauce

- 2 Kann Thunfisch im eigenen Saft
- 900 G Tomaten, passiert
- 3 EL Tomatenmark
- 130 G Erbsen, grün
- 130 G Mais
- 1 EL Olivenöl
- 1 TL Salz-
- 2. Preis Pfeffer aus der Mühle
- 2 Stück Knoblauchzehen, klein

- 2 Stück Zwiebeln, klein
- 1 TL Oregano

Vorbereitung

1. Für die Thunfisch-Lasagne die Zwiebeln und den Knoblauch schälen und in kleine Würfel schneiden. Öl in einem größeren Topf erhitzen und beide Zutaten darin glasig braten.
2. Dann das Tomatenmark einrühren und mit den Tomaten ablöschen. Mit Salz und Pfeffer würzen und 15 Minuten leicht köcheln lassen, dabei gelegentlich umrühren. Nach ca. 5 Minuten Erbsen und Mais hinzufügen
3. Den Topf von der Herdplatte nehmen, die Thunfischstücke einrühren und mit Oregano würzen.
4. Dann eine Auflaufform mit Olivenöl einfetten, den Boden mit Lasagneplatten auslegen, dann die Hälfte der Thunfischsauce darauflegen, dann wieder Lasagneplatten und den Rest der Thunfischsauce darüber verteilen.

5. Zum Schluss die Lasagne mit dem geriebenen Parmesan bestreuen und im vorgeheizten Backofen bei 180 Grad (Ober-Unterhitze) ca. 20 Minuten auf dem Rost backen. Die Lasagne ggf. gegen Ende der Backzeit mit Backpapier abdecken.

23. SPINAT-LASAGNE

Zutaten

- 600 G Baltspinat, frisch oder gefroren
- 1 Stück Zwiebel, klein
- 2 Stück Knoblauchzehen
- 1 TL Salz-
- 0,5 TL Pfeffer
- 0,5 TL Kreuzkümmel
- 200 G Feta
- 1 Pk Mozzarella
- 80 G Parmesan, gerieben
- 250 G Sahne
- 400 G Lasagneblätter

Vorbereitung

1. Für die Spinatlasagne zuerst den Backofen auf 180 °C (Umluft) vorheizen und eine Auflaufform mit Öl einpinseln.
2. Anschließend den Spinat waschen, trocken schütteln und in einer Pfanne mit Deckel 3 Minuten erhitzen. Als Flüssigkeit reicht das dem Spinat beigefügte Wasser. Dann den Spinat auspressen und in kleine Stücke schneiden.
3. Nun Zwiebel und Knoblauch schälen, hacken und unter den Spinat rühren. Mit Salz, Pfeffer und Kreuzkümmel würzen.
4. Nun Feta und Mozzarella in kleine Stücke schneiden. In einer anderen Schüssel Feta, Mozzarella, Parmesan und Sahne vermischen.
5. Dann die Backform mit einer Schicht Lasagne bedecken, dann eine Schicht Spinat und dann eine Schicht Käsecreme hinzufügen. So fortfahren, bis die Zutaten aufgebraucht sind und die Form gefüllt ist - die oberste Schicht sollte die Käsecreme sein.
6. The spinach lasagna in the oven for about 30-35 minutes to bake.

24. NUDELSALAT MIT GARNELEN

Zutaten

- 500 g Vollkornnudeln (Penne)
- Salz-
- 1 Koriander
- 50 g Parmesan (1 Stück)
- 3 EL Ricotta
- 3 EL weißer Balsamico-Essig
- 2 EL Olivenöl
- 300 g Garnelen (fertig und gekocht)
- Pfeffer aus der Mühle

Vorbereitungsschritte

1. Die Nudeln in reichlich kochendem Salzwasser nach Packungsangabe kochen, in ein Sieb gießen und abtropfen lassen.
2. Koriander waschen, trocken schütteln, Blätter zupfen und fein hacken. Den Parmesan fein reiben. Ricotta mit Parmesan, Balsamico und Olivenöl glatt rühren.
3. Die Nudeln mit Garnelen, Koriander und Ricotta-Parmesan-Sauce mischen und mit Salz und Pfeffer würzen. Nudelsalat mit Garnelen in Schalen servieren.

25. SPINATLASAGNE MIT RAHMSPINAT

Zutaten

- 600 G Rahmspinat, gefroren
- 12. Stk Lasagneplatten, ohne Vorkochen
- 120 G Gorgonzola
- 1 Stück Knoblauchzehe
- 1 TL Butter, für die Form
- 0,5 Bch Sauerrahm oder Creme fraîche
- 150 ml Schlagsahne
- 100 G Käse, gerieben, zB Gouda, Cheddar

Vorbereitung

1. Zuerst den Knoblauch schälen und fein hacken. Den gefrorenen Rahmspinat in der Mikrowelle (bei 400 Watt) ca. 15 Minuten

auftauen und den Knoblauch mit dem aufgetauten Spinat mischen.

2. In der Zwischenzeit eine Auflaufform mit Butter einfetten und den Backofen auf 200°C Ober-/Unterhitze vorheizen.
3. Als nächstes den Käse grob hacken. Die Auflaufform mit 1/3 der Lasagneblätter auslegen und die Hälfte des Rahmspinats darauf verteilen. Die Hälfte des Gorgonzola über den Spinat streuen, dann die nächste Lage Lasagneblätter darauf legen.
4. Nun wieder Spinat und Gorgonzola einschichten, zuletzt mit den restlichen Lasagneblättern belegen.
5. Zum Schluss den Sauerrahm auf den Pastatellern verteilen. Den geriebenen Käse mit der Sahne mischen und auf der Sauerrahmschicht verteilen.
6. Die Spinatlasagne mit Rahmsahne ca. 30-35 Minuten im vorgeheizten Backofen auf der mittleren Schiene goldbraun braten.
7. Die fertige Lasagne aus dem Ofen nehmen und vor dem Servieren weitere 5 Minuten ruhen lassen.

26. SPARGELLASAGNE

Zutaten

Für den Teig:

- 900 g Mehl
- 500 ml Wasser (lauwarm)
- 25 g Salz
- 3 EL Kürbiskernöl
- 8 g Keim (oder 1 Pkg. Trockenhefe)

Zum Abdecken:

- 25 g Kürbiskerne (gemahlen)
- 1 Kürbis
- 100 g Schinken
- 50 g Parmesan (gerieben oder in Scheiben geschnitten)
- 50 g Rucola

- Olivenöl

Vorbereitung

1. Für die Minipizza mit Kürbis aus der Heißluftfritteuse zuerst alle Teigzutaten verkneten und zu einer Kugel formen. In eine Schüssel geben, mit einem Geschirrtuch abdecken und etwa 2 Stunden gehen lassen.
2. In der Zwischenzeit den Belag vorbereiten. Dazu den Kürbis schälen, entkernen und das Fruchtfleisch in kleine Würfel schneiden.
3. Die Kürbiswürfel in der Air fryer Heißluftfritteuse bei 120°C mit etwas Öl 10 Minuten dämpfen, bis sie weich und leicht zerdrückbar sind. Pürieren oder zu einer Paste mischen.
4. Den Teig in vier gleich große Stücke teilen, zu einer kleinen Pizza ausrollen oder auseinander ziehen. Jede Pizza mit der Kürbispaste bestreichen und mit Kürbiskernen bestreuen.
5. Die Minipizza mit Kürbis aus der Heißluftfritteuse für ca. 10-15 Minuten bei 200°C in der Heißluftfritteuse backen.

6. Dann Rucola, Prosciutto und Parmesan darüber verteilen. Mit ein paar Tropfen Olivenöl beträufeln.

27. NUDELN MIT LINSENBOLOGNESE

Zutaten

- 350 g Champignons
- 2 Zwiebeln
- 2 Knoblauchzehen
- 3 Karotten
- 3 Pole Sellerie
- 200 g rote Linsen
- 2 EL Olivenöl
- 125 ml Rotwein (alternativ Gemüsebrühe)
- 3 EL Tomatenmark
- 700 g passierte Tomaten
- 400 g Vollkornnudeln (Farfalle)
- Salz-
- 100 g Hartkäse (mit mikrobiellem Lab; zB Montello)
- 4 Zweige frischer Rosmarin
- 4 Zweige frischer Oregano

- 4 Blätter frischer Salbei

Vorbereitungsschritte

1. Die Champignons putzen und in kleine Stücke schneiden. Zwiebeln und Knoblauch schälen und in kleine Stücke schneiden. Karotten waschen, putzen und grob reiben. Waschen Sie den Sellerie und hacken Sie ihn.
2. Linsen mit einem Sieb abspülen. Linsen in einen kleinen Topf geben und mit der doppelten Menge Wasser wie auf der Verpackung angegeben kochen.
3. Währenddessen das Öl in einem großen Topf erhitzen. Champignons und Zwiebeln bei starker Hitze 3 Minuten anbraten. Karotten und Sellerie zugeben und weitere 3 Minuten braten. Senken Sie die Hitze. Die Glasur mit Rotwein entfernen, Knoblauch und Tomatenmark dazugeben und bei mittlerer Hitze 1-2 mal rösten. Linsen und Tomatenmark in die Sauce geben, umrühren und weitere 5-8 Minuten köcheln lassen.

4. In der Zwischenzeit die Nudeln in reichlich kochendem Salzwasser nach Packungsanweisung kochen, bis die Nudeln fest sind. Käse raspeln. Die Kräuter waschen, trocken schütteln und die Blätter und Nadeln hacken. Linsen-Bolognese mit Kräutern anrichten und mit Salz und Pfeffer würzen.
5. Nudeln abgießen, abtropfen lassen und auf einen Teller geben. Die Linsenbolognese darauf verteilen und mit Käse bestreuen. Bitte genieße es herzlich.

28. SCHNELLE GEMÜSELASAGNE

Zutaten

- 12. Stk Lasagneblätter nach Bedarf
- 60 G Käse, gerieben

Zutaten für das Gemüse

- 750 G Buttergemüse, gefroren
- 40 G Butter
- 4. EL Mehl, weiß
- 1 Liter Milch
- 60 G Käse, gerieben
- 1 TL Salz-
- 0,25 TL Muskatnuss

Zutaten für die Tomatensauce

- 500 G Tomaten, passiert
- 130 G Creme fraiche

Vorbereitung

1. Lassen Sie das Gemüse dazu rechtzeitig auftauen.
2. Für das Gemüse die Butter in einem Topf schmelzen, dann das Mehl einstreuen, eine schwache Farbe annehmen lassen und die Milch portionsweise unter kräftigem Rühren dazugießen.
3. Dann die Sauce aufkochen, mit Salz und Muskat abschmecken, dann das Buttergemüse und den Käse dazugeben, den Käse schmelzen und alles gut verrühren.
4. Für die oberste Schicht die Crème fraîche mit ca. 4 EL Tomatenpüree mischen und zubereiten.
5. Den Backofen auf 200°C (mit Ober- und Unterhitze) vorheizen.
6. Dann etwas Gemüsesauce in eine geeignete Auflaufform geben. Die Form mit den Lasagne-Nudeln darauf legen, 1 Lage Tomatenpüree darüberträufeln, diese wieder mit der Gemüsefüllung bedecken. Dann wieder mit Lasagne-Nudeln beginnen und so weiter. (Je nach Pfannengröße mindestens 3 Lagen Nudeln schichten).
7. Das Finish sollte 1 Schicht Nudeln sein, bedeckt mit der Crème fraicheche

Tomatensauce und mit Käse bestreut. Anschließend die schnelle Gemüselasagne im Backofen im unteren Drittel ca. 30 Minuten backen.

29. . FETA-PASTA AUS DEM OFEN

Zutaten

- 600 g Kirschtomaten
- 1 rote Zwiebel
- 2 Knoblauchzehen
- 200 g Feta
- 1 EL Olivenöl
- Salz-
- Pfeffer
- 1 Prise getrockneter Thymian
- 1 Prise getrockneter Oregano
- 1 Prise Chiliflocken
- 400 g Vollkornspaghetti
- 2 Handvoll Basilikum

Vorbereitungsschritte

1. Tomaten putzen, waschen und bei Bedarf halbieren. Die Zwiebeln schälen, halbieren und in dünne Spalten schneiden. Knoblauch schälen und in Scheiben schneiden. Das Gemüse in eine Auflaufform geben und den Fetakäse in die Mitte geben. Alles mit Olivenöl, Salz, Pfeffer und Gewürzen bestreuen.
2. Im vorgeheizten Backofen bei 200 °C (Umluft 180 °C, Gas: Stufe 3) 30-35 Minuten backen.
3. Befolgen Sie in der Zwischenzeit die Anweisungen in der Packung, um die Nudeln in kochendem Salzwasser zu kochen. Basilikum waschen, trocken schütteln und die Blätter zupfen.
4. Die Nudeln abgießen und abtropfen lassen. Feta und Gemüse aus dem Ofen nehmen, mit einer Gabel grob hacken und mischen. Die Nudeln und 1½ Handvoll Basilikum in eine Auflaufform geben, alles gut vermischen und auf 4 Teller verteilen. Mit den restlichen Basilikumblättern servieren.

30. SPIRELLI MIT TOMATENSAUCE, LINSEN UND FETA

Zutaten

- 50 g Belugalinsen
- 1 Schalotte
- 1 Knoblauchzehe
- 1 Karotte
- 1 Zucchini
- 2 EL Olivenöl
- ½ TL Harissapaste
- 200 g stückige Tomaten (Dose)
- Salz-
- Pfeffer
- 1 Zweig Thymian
- 250 g Vollkornnudeln (Spirelli)
- 200 g Kirschtomaten
- 50 g Feta

Vorbereitungsschritte

1. Die Linsen in der doppelten Menge kochendem Wasser 25 Minuten garen, bis sie weich sind. Dann abgießen und abtropfen lassen.
2. In der Zwischenzeit Schalotten und Knoblauch schälen und hacken. Karotten und Zucchini putzen und in kleine Stücke schneiden.
3. Öl in einer Pfanne erhitzen und Schalotte und Knoblauch bei mittlerer Hitze 3 Minuten anbraten, dann Karotten, Zucchini und Harissa-Paste hinzufügen und 5 Minuten braten. Dann die Tomaten dazugeben und weitere 4 Minuten bei schwacher Hitze kochen. Thymian waschen, trocken schütteln und die Blätter abklopfen. Die Sauce mit Salz, Pfeffer und Thymian abschmecken.
4. Folgen Sie gleichzeitig den Anweisungen auf der Packung und kochen Sie die Nudeln in reichlich kochendem Salzwasser 8 Minuten lang. Dann abgießen und abtropfen lassen. Die fertigen Linsen mit Salz und Pfeffer würzen. Tomaten waschen und in 4 gleiche Teile teilen. Den Feta-Käse zerdrücken.

5. Die Nudeln in eine Schüssel geben, die Sauce mit Linsen und Tomaten angießen, mit Feta bestreuen und genießen.

31. LOW-CARB-LASAGNE

Zutaten

- 500 G Gehackt Fleisch
- 2 Stück Zucchini
- 1 Stück Zwiebel
- 500 G gesiebt Tomaten
- 3 EL Tomatenmark
- 200 G Creme fraiche
- 1 Preis Salz-
- 1 Preis Pfeffer aus der Mühle
- 200 G geriebener Käse
- 1 TL Italienische Kräuter
- 1 Schuss Olivenöl für die Pfanne

Vorbereitung

1. Zuerst die Zwiebel in kleine Würfel schneiden und in einer Pfanne mit etwas Öl leicht anbraten. Hackfleisch dazugeben und ebenfalls anbraten.
2. Nun wird das Fleisch nach Belieben mit Salz und Pfeffer sowie den italienischen Kräutern gewürzt, die Tomaten und das Tomatenmark dazugegeben und nochmals kurz aufgekocht.
3. Als nächstes muss die Zucchini gewaschen und in feine Scheiben geschnitten werden - am einfachsten geht das mit einem Hobel.
4. Nun die Zucchinischeiben, die Creme Fraiche und die Hackfleischsauce abwechselnd in eine geeignete und gefettete Auflaufform schichten. Die letzte Schicht ist die Zucchini mit einer dünnen Schicht Creme Fraiche. Schließlich wird der Käse darüber gegossen.
5. Die Lasagne muss nun im vorgeheizten Backofen bei 200°C Ober- und Unterhitze oder bei 180°C Umluft 30-40 Minuten gebacken werden.

32. LASAGNETOPF MIT TRUTHAHN

Zutaten

- 500 G Putenbrust, kochfertig
- 2 Stück Mittelgroße Karotten
- 500 G Mittelgroße Tomaten
- 2 Stück Zwiebeln, klein
- 3 EL Olivenöl
- 2 EL Tomatenmark
- 2. Preis Salze
- 2. Preis Pfeffer
- 700 ml Gemüsebrühe
- 200 G Lasagneblätter
- 120 G Mozzarella
- 100 G gouda Käse
- 4. zwischen Oregano, frisch
- 4. zwischen Basilikum, frisch

Vorbereitung

1. Das Fleisch zuerst kurz unter fließendem Wasser waschen, mit Küchenpapier trocken tupfen und in mundgerechte Würfel schneiden.
2. Anschließend Karotten und Zwiebeln schälen und ebenfalls in Würfel schneiden. Die Tomaten waschen, vierteln, den festen Strunk entfernen und die Tomaten ebenfalls in Würfel schneiden.
3. Nun das Olivenöl in einem Bräter erhitzen und das Fleisch von allen Seiten anbraten - mehrmals wenden.
4. Dann die Zwiebeln und Karotten dazugeben und mit dem Tomatenmark kurz anbraten.
5. Dann das Ganze mit Salz und Pfeffer würzen und mit der Gemüsebrühe ablöschen.
6. Nun die Tomaten dazugeben, aufkochen und zugedeckt ca. 20 Minuten garen.
7. In der Zwischenzeit die Lasagneblätter in Stücke brechen, nach ca. 10 Minuten Schmoren in den Bräter geben, untermischen und weich kochen.
8. Dann den Mozzarella in Würfel schneiden und den Gouda reiben. Basilikum und Oregano waschen, trocken schütteln, die Blätter zupfen, in feine Stücke schneiden, die Hälfte der Kräuter in den Bräter geben und mischen.
9. Zum Schluss den Lasagnetopf mit Pute mit Salz und Pfeffer würzen, mit den restlichen Kräutern bestreuen und mit den beiden Käsesorten servieren.

33. PENNE MIT TOMATENSAUCE UND KICHERERBSEN

Zutaten

- 1 Knoblauchzehe
- 2 Karotten
- 3 EL Olivenöl
- ½ TL Kreuzkümmel
- 1 Prise Cayennepfeffer
- 200 g stückige Tomaten (Dose)
- 50 ml Sojacreme
- Salz-
- Pfeffer
- getrockneter Rosmarin
- 250 g Vollkornnudeln (Penne)
- 100 g Kichererbsen
- ½ TL Kurkumapulver
- 1 TL Sesam
- 1 Handvoll Rucola

Vorbereitungsschritte

1. Den Knoblauch schälen und hacken. Karotten putzen, waschen und würfeln.
2. 2 EL Öl in einem Topf erhitzen, Knoblauch und Karotten darin 5 Minuten bei mittlerer Hitze anbraten, dann Kreuzkümmel, Cayennepfeffer und Tomaten dazugeben und weitere 4 Minuten bei schwacher Hitze kochen. Sojasahne dazugeben und die Sauce mit Salz, Pfeffer und Rosmarin würzen.
3. Gleichzeitig die Nudeln in reichlich kochendem Salzwasser 8 Minuten nach Packungsanweisung kochen. Dann das Wasser abgießen und das Wasser abgießen.
4. Um die Kichererbsen zu kochen, das restliche Öl in einer Pfanne erhitzen, Kichererbsen, Kurkuma, Sesam dazugeben und 4 Minuten bei mittlerer Hitze anbraten. Mit Salz und Pfeffer würzen. Rucola waschen und trocken schütteln.
5. Die Nudeln in Schüsseln verteilen, mit Kichererbsensauce übergießen und mit Rucola servieren.

34. CHIA- UND MANDELMILCHPUDDING

Zutaten

- 50 g Chiasamen
- 300 ml Mandeldrink (Mandelmilch)
- 2 EL Ahornsirup
- 1 Banane
- 2 Prisen Vanillepulver
- 1 Handvoll getrocknete Goji-Beeren
- 1 gehäufter EL Kakaonibs

Vorbereitungsschritte

1. Chiasamen, Mandelmilch, Ahornsirup, geschälte Banane und Vanille in eine Schüssel geben. Mindestens 40 Minuten (oder über Nacht) einweichen lassen.
2. Alles mit dem Stabmixer zu einer glatten Creme pürieren, bei Bedarf etwas Mandelmilch dazugeben.
3. In eine Schüssel oder ein Dessertglas füllen und mit Gojibeeren und Kakaonibs garniert servieren.

35. LASAGNE OHNE BECHAMEL

Zutaten

- 250 G Lasagneblätter, ohne Vorkochen
- 200 G Parmesan, gerieben

Zutaten für die Hackfleischsauce

- 2 Stück Schalotten, klein
- 2 Stück Knoblauchzehen, klein
- 500 g Hackfleisch, gemischt
- 2 EL geklärte Butter
- 1,5 TL Salz
- 2 EL Tomatenmark
- 700 G Tomaten, passiert
- 150 g Creme Fraiche-Käse
- 1 EL Zucker
- 2 TL Oregano, fein gehackt / getrocknet
- 1 EL Olivenöl

- 3. Preis Pfeffer aus der Mühle

Vorbereitung

1. Zuerst die Schalotten und die Knoblauchzehen schälen und in kleine Stücke schneiden. Den Backofen auf ca. 180 Grad (Ober- und Unterhitze).
2. Dann das Butterschmalz in einer Pfanne erhitzen, das Hackfleisch bröselig anbraten und am besten mit einem Spatel zerkleinern. Sobald das Fleisch braun geworden ist, die Schalotten und den Knoblauch dazugeben und kurz weiterbraten.
3. Als nächstes Tomatenmark und Olivenöl einrühren und anbraten. Anschließend mit den Tomaten ablöschen, Crème fraîche unterrühren, aufkochen, Sauce vom Herd nehmen und mit Salz, Pfeffer, Zucker und Oregano (nach Belieben) gut würzen.
4. Nun etwas Soße in eine geeignete Auflaufform geben, eine Lage der Lasagneplatten darauf legen, dann wieder etwas Hackfleischsoße darauf verteilen, dann wieder Lasagneplatten und den Vorgang wiederholen bis die Zutaten aufgebraucht sind - die Soße sollte die letzte Schicht bilden form .

5. Zum Schluss den Parmesan darauf verteilen und die Lasagne ohne Béchamel im vorgeheizten Backofen auf dem Rost im unteren Drittel ca. 40 Minuten goldbraun backen.

36. HAUSGEMACHTES MÜSLI

Zutat

- 3 Tassen Haferflocken
- $\frac{1}{4}$ Tasse gehackte rohe Nüsse
- $\frac{1}{4}$ Tasse rohe Pekannüsse, gehackt
- $\frac{1}{4}$ Tasse rohe Mandeln, gehackt
- $\frac{1}{2}$ Tasse reiner Ahornsirup
- 2 Teelöffel Vanille
- 2 Teelöffel Zimt
- 1 Prise Salz (optional)

Prozess

1. Den Backofen auf 250-300 ° F (149 ° C) vorheizen.
2. Alle Zutaten in eine Schüssel geben, gut vermischen und alles mit Ahornsirup bedecken. Verteilen Sie die Mischung auf einem Backblech oder einer Grillpfanne.
3. Unter gelegentlichem Rühren 30-40 Minuten backen, bis die Masse braun wird. Schieben Sie die obere Platte auf den Rost und lassen Sie sie vollständig abkühlen. Das Granola in einem verschlossenen Glas kalt stellen.

37. KOKOS- UND SCHOKOLADENEIS MIT CHIASAMEN

Zutaten

- 400 ml Kokosmilch
- 4 EL Ahornsirup
- 15 g Kakaopulver (2 EL; stark geölt)
- 2 Beutel Chai-Tee
- 12 g weiße Chiasamen (2 EL)
- 250 g Sojajoghurt
- 30 g Zartbitterschokolade (mindestens 70% Kakao)

Vorbereitungsschritte

1. Kokosmilch in einen Topf geben. Ahornsirup und Kakaopulver zugeben und erhitzen, aber nicht aufkochen. Teebeutel einhängen, abdecken, vom Herd nehmen und 30 Minuten ziehen lassen. Nehmen Sie dann den Teebeutel heraus und drücken Sie die Flüssigkeit aus. 1 1/2 EL Chiasamen und Joghurt unterrühren.
2. Masse in 8 Eisformen füllen und ca. 1 Stunde gefrieren lassen. Dann Holzstäbchen einstecken und weitere 3 Stunden gefrieren lassen.
3. Die Schokolade hacken und über einem warmen Wasserbad schmelzen. Das Eis aus den Förmchen nehmen und mit der Schokolade und den restlichen Chiasamen dekorieren.

38. MEERESFRÜCHTE-LASAGNE

Zutaten

- 300 G Fischfilet, zB Lachs
- 2 Stück Frühlingszwiebel
- 1 Stück Zitrone
- 1 TL Salz-
- 0,5 TL Pfeffer
- 400 G Lasagneblätter
- 2 EL Olivenöl, für die Auflaufform
- 100 G Garnelen oder Krabben, fertig zum Kochen
- 200 G Mozzarella

Zutaten für die Soße

- 100 G Parmesan, gerieben
- 3 EL Butter
- 3 EL Mehl
- 150 ml Milch

Vorbereitung

1. Zuerst den Backofen auf 180 °C (Umluft) vorheizen und eine Auflaufform mit dem Öl bestreichen.
2. Anschließend die kochfertigen Garnelen und das Fischfilet waschen, trocken tupfen und den Fisch in kleine Stücke schneiden.
3. Nun die Frühlingszwiebeln waschen und in kleine Stücke schneiden. Die Zitronenschale einreiben und den Rest der Zitrone auspressen. Fisch, Garnelen, Frühlingszwiebeln, Zitronenschale und -saft, Salz und Pfeffer mischen.
4. Für die Sauce die Butter in einem kleinen Topf erhitzen. Das Mehl verstreuen und unter ständigem Rühren fest werden lassen. Dann die Milch nach und nach einrühren und

erhitzen, bis sie dick wird. Dann den Käse unterrühren.

5. Bedecken Sie nun den Boden der Auflaufform mit einer Schicht Lasagne, verteilen Sie einen Teil des Fischs darauf und gießen Sie einen Teil der Sauce darüber. So fortfahren, bis alle Zutaten aufgebraucht sind - die letzte Schicht sollte die Sauce sein. Diese dann mit dem in dünne Scheiben geschnittenen Mozzarella.
6. Zum Schluss die Meeresfrüchte-Lasagne 30-35 Minuten im heißen Ofen backen und genießen.

39. SCHOKOLADENERDBEEREN MIT KARDAMOM

Zutaten

- 400 g Erdbeeren
- 2 Kardamomkapseln
- 100 g Zartbitterschokolade (mind. 72% Kakao)

Vorbereitungsschritte

1. Erdbeeren in ein Sieb geben, sorgfältig waschen und trocken tupfen.
2. Kardamomkapseln aufbrechen und Kerne entfernen. Kardamomsamen im Mörser fein zerstoßen.

3. Kuvertüre grob hacken und in einen kleinen Rührbesen geben. Kardamom hinzufügen.
4. Lassen Sie die Schokolade unter Rühren in einem heißen Wasserbad schmelzen.
5. Die Erdbeeren am Stiel festhalten und 2/3 nacheinander in den flüssigen Schokoladenüberzug tauchen.
6. Die Schoko-Erdbeeren auf Backpapier legen und die Kuvertüre trocknen lassen. Schoko-Erdbeeren bis zum Servieren kalt stellen.

40. APFEL-KÄSEKUCHEN

Zutaten für den Apfel-Cheesecake

- 250g Mascarpone
- 250g fettarmer Quark
- 3 Eier
- 1 Packung Vanillesoße
- 1 Teelöffel Backpulver
- 1 Päckchen Vanillezucker
- 1 Prise Salz
- 2-3 Äpfel

Vorbereitung

1. Äpfel schälen, vierteln und kratzen.
2. Die restlichen Zutaten miteinander vermischen. Erst die trockenen, dann die anderen.

3. 28 cm Springform mit Backpapier auslegen. Teig einfüllen. Drücken Sie die Äpfel hinein.
4. 45 Minuten bei 160°C (Umluft) backen, danach im leicht geöffneten Backofen abkühlen lassen.
5. Zubereitungszeit ohne Backen 10-15 Minuten. Je nachdem, wie schnell Sie Äpfel schälen können.

41. FARFALLE MIT PESTO ROSSO UND MOZZARELLA

Zutaten

- 350 g Barilla Farfalle Nr.65
- 1 Glas Barilla Pesto Rosso
- 250 g Mozzarellakugeln
- 2 EL Olivenöl (nativ extra)
- Basilikum (frisch)

Vorbereitung

1. Für die Farfalle mit Pesto Rosso und Mozzarella zuerst leicht gesalzenes Wasser aufkochen und die Farfalle Nr.65 darin garen.
2. al dente kochen, etwas Nudelwasser beiseite stellen und die Nudeln abgießen.

3. In eine Schüssel umfüllen, mit dem heißen Nudelwasser in das Barilla Pesto Rosso rühren und vorsichtig umrühren.
4. Servieren Sie die Pasta mit den Mozzarella-Kugeln, einigen Basilikumblättern und etwas nativem Olivenöl extra und servieren Sie die Farfalle mit Pesto Rosso und Mozzarella.

42. OBSTKUCHEN OHNE ZUCKER

Zutaten

- 400 g getrocknete Feige
- 400 g Dörrobst Zwetschgen, Aprikosen, Rosinen
- 400 g Nüsse zb Haselnüsse, Mandeln, Walnüsse
- 5 Eier
- 125 g Butter
- 200 g Dinkelmehl Typ 1050
- 1 EL Zimt
- 1 Karte. Nelke geschält

Vorbereitungsschritte

1. Feigen, Trockenfrüchte und Nüsse grob hacken. Die Eier trennen und das Eiweiß steif schlagen. Die Butter schaumig schlagen, dann Eigelb und Mehl dazugeben und zu einem glatten Teig verarbeiten. Früchte, Nüsse und Gewürze unterkneten. Das Protein vorsichtig unterheben.
2. Den Teig in eine mit Backpapier ausgelegte Backform füllen, glattstreichen und im Backofen bei 175°C (Umluft 150°C; Gas: Stufe 2) ca. 1 Stunde backen. Führen Sie einen Sticktest durch.
3. Nehmen Sie den Kuchen aus dem Ofen und lassen Sie ihn abkühlen.

43. SCHOKOLADENKEKSE

Zutaten:

- 2 Tassen Mehl (280 Gramm)
- 2 Einheiten Eier
- 1 Tasse Schokoladenstückchen
- 1 Tasse Zucker (200 Gramm)
- 1 Tasse Butter (225 Gramm)
- 1 Teelöffel Backpulver

Vorbereitungsschritte

1. Nehmen Sie eine Schüssel und mischen Sie die Butter und den Zucker gut, um die hausgemachten Kekse zuzubereiten.
2. Dann die Eier dazugeben und weiter schlagen. Nach der Integration das zuvor mit dem

Backpulver gesiebte Mehl hinzufügen und mischen, bis eine homogene Masse entsteht.

3. Zum Schluss die Schokoladenstückchen dazugeben und mit einem Löffel, Spatel oder den Händen unter den Teig mischen. Sie können den Teig 20 Minuten im Kühlschrank ruhen lassen und beim Herausnehmen noch einmal 3 Minuten kneten. Auf diese Weise erhält es eine größere Konsistenz.
4. Formen Sie Ihre Kekse und legen Sie sie mit etwas Abstand auf das Backblech. Backen Sie die Schokoladenkekse für 20 Minuten und voila!

44. BÄRLAUCHNUDELN

Zutaten

- 2 Zwiebeln (in dünne Ringe geschnitten)
- 20 g Butter
- 1 EL Olivenöl
- 150 g Bärlauch (in Streifen geschnitten)
- Salz-
- 3 EL Olivenöl
- 200 g Bandnudeln
- 1 EL Öl
- 50 g Parmesan (frisch gerieben)
- Pfeffer
- Salz-

Vorbereitung

1. Butter und Öl vermischen.
2. Zwiebel darin anrösten, Bärlauch dazugeben, mitbraten, salzen, pfeffern und mit 3 EL Olivenöl vermischen.
3. Die Nudeln in Salzwasser al dente kochen.
4. Parmesan und Bärlauch gut vermischen und zu den gekochten Nudeln servieren.

45. SPAGHETTI MIT WILDEM SPARGEL

Zutaten

- Meersalz
- 400 g Spaghetti (oder Tagliatelle)
- 80 g Zwiebeln
- 200 g Spargel (wild)
- 2 EL Olivenöl
- 100 ml Weißwein
- 1 Zehe(n) Knoblauch (bis zu 2)
- Pfeffer (aus der Mühle)
- 1 Teelöffel Butter
- Petersilie (frisch gehackt)
- 2 EL Parmesan (frisch gerieben)

Vorbereitung

1. In einem großen Topf reichlich Wasser zum Kochen bringen, salzen und die Nudeln darin al dente kochen.
2. Währenddessen die Zwiebel schälen und fein würfeln. Den Wildspargel waschen und in große Stücke schneiden oder ganz lassen.
3. Olivenöl in einer Pfanne erhitzen und die Zwiebelwürfel darin anrösten. Spargel zugeben und kurz anbraten. Mit Weißwein ablöschen.
4. Den Knoblauch in die Pfanne drücken und mit Salz und Pfeffer würzen. Mit Butter, Petersilie und Parmesan abschmecken.
5. Wenn der Spargel biegsam ist, aber noch bissig ist, die passierten Nudeln in die Pfanne geben und alles kurz vermischen, damit die Nudeln die Sauce gut aufnehmen können.
6. Die Spaghetti sofort servieren.

46. SPAGHETTI MIT SCAMPI UND FENCHEL

Zutaten

- 350 g Spaghetti
- 1 Glas Nudelsauce Barilla Arrabbiata
- 150 g Scampi (geschält)
- 1 Knolle(n) Fenchel
- Salz-
- Pfeffer
- Parmesan (gerieben)

Vorbereitung

1. Für die Spaghetti mit Scampi und Fenchel die Barilla Spaghetti nach Packungsanleitung kochen.
2. Scampi in kleine Stücke schneiden und in einer beschichteten Pfanne kurz anbraten. Fenchel in schmale Streifen schneiden, zu

den Scampi geben und mit Salz und Pfeffer würzen.

3. Die Nudelsauce Barilla Arrabbiata ebenfalls in die Pfanne geben und kurz erhitzen.
4. Die Nudeln abgießen und mit der Sauce in der Pfanne vermischen. Dann die Spaghetti sofort mit Scampi servieren.

47. HONIG GEBACKENE APRIKOSEN

Zutaten:

- Olivenöl zum Einfetten
- 4 frische Aprikosen, halbiert, entkernt
- ½ Tasse Walnüsse, grob gehackt
- Prise Meersalz
- ½ Tasse Honig

Vorbereitung:

1. Heizen Sie den Ofen auf 350 ° F vor.
2. Eine Auflaufform mit Backpapier auslegen und mit Öl einfetten.
3. Aprikosen schichten und Walnüsse bestreuen. Mit Salz.
4. Mit Salz. Honig beträufeln. 25 Minuten backen.
5. Vom Herd nehmen. Früchte mit Nüssen in einzelne Schalen geben.

48. LASAGNE AUS DER PFANNE

Zutaten

- 1 Stück Knoblauchzehe
- 1 Stück Schalotte
- 1 Stück carrot
- 1 Stück Sellerie
- 2 EL Olivenöl
- 250 G Rinderhack
- 1 EL Tomatenmark
- 50 ml Weißwein
- 150 ml Brühe
- 150 ml Tomatenpüree
- 1 Preis Salz-
- 1 Preis Pfeffer
- 1 Bl Lorbeerblatt
- 400 G Lasagneblätter, frisch

Zutaten für helle Soße

- 150 ml Sahne
- 150 G Mascarpone
- 50 G geriebener Parmesan
- 1 Preis Muskatnuss
- 1 Spr Zitronensaft
- 50 G geriebener Käse

Vorbereitung

1. Für die Lasagne aus der Pfanne Knoblauch, Schalotten und Karotten schälen. Sellerie putzen. Alles in feine Würfel schneiden. Nun das Öl in einer Pfanne erhitzen. Das Hackfleisch anbraten, bis es krümelig ist. Dann das gewürfelte Gemüse dazugeben, glasig dünsten. Nun Tomatenmark einrühren, 2 Minuten rösten. Mit Wein, Brühe und Tomatenmark ablöschen, mit Salz, Pfeffer und Lorbeer würzen. Dann 25 Minuten leicht köcheln lassen.
2. In der Zwischenzeit den Backofen auf 180 Grad vorheizen. Die Lasagneblätter so zuschneiden, dass sie in eine ofenfeste Pfanne passen. Beginnen Sie nun mit der Sauce und füllen Sie die Pfanne. Eine Schicht Sauce mit Lasagneblättern bedecken, eine weitere Schicht Sauce. So lange schichten,

bis die Sauce aufgebraucht ist. Die letzte Schicht ist die Soße.

3. Nun die Sahne mit Mascarpone und Parmesan verquirlen, mit Salz, Pfeffer und Zitronensaft würzen und auf der Hackfleischsauce verteilen. Mit geriebenem Käse bestreuen und 40 Minuten backen.

49. LACHSLASAGNE

50 Minuten

4 Portionen

Zutaten

- 200 G Lasagneblätter, grün
- 1 TL Salz-
- 400 G Lachsfilet
- 5 TL Zitronensaft
- 1 Stück Zwiebel, fein gehackt
- 2 Stück Knoblauchzehen, gehackt
- 60 G Butterflocken
- 3 EL Olivenöl
- 120 ml Weißwein, trocken
- 200 ml Sahne

- 1 Preis Pfeffer
- 1 EL Zitronenschale, gerieben
- 120 G Gorgonzola
- 100 G Parmesan, gerieben

Vorbereitung

1. Für die Lachslasagne die Lasagneblätter nach Packungsanweisung kochen, abtropfen lassen und abtropfen lassen.
2. Anschließend die Lachsfilets waschen, mit Küchenpapier trocken tupfen, mit Zitronensaft beträufeln, salzen und in Würfel schneiden.
3. Nun das Olivenöl in einer Pfanne erhitzen, die fein gehackte Zwiebel und den Knoblauch anschwitzen, die Fischstücke dazugeben und kurz anbraten. Weißwein und Sahne einrühren und etwas einreduzieren. Parmesan einrühren und mit der geriebenen Zitronenschale, Salz und Pfeffer würzen.
4. Eine Auflaufform mit Olivenöl bepinseln und die Lachsmischung und die Nudelplatten darauf verteilen und mit einer Nudelschicht belegen.

5. Dann den Gorgonzola mit einer Gabel zerdrücken und zusammen mit Butterflocken auf der Lasagne verteilen.
6. Im vorgeheizten Backofen (220 °) 20-25 Minuten backen.

50. LACHS-BROKKOLI-LASAGNE

65 Minuten

4 Portionen

Zutaten

- 900 G Brokkoli
- 1 Stück Zwiebel, gehackt
- 40 G Butter
- 50 G Mehl
- 140 ml Sahne
- 120 ml Milch
- 80 G Gouda, gerieben
- 3 EL Dill, gehackt
- 12. Stk Lasagneblätter (ohne Kochen)
- 300 G Geschnitten Räucherlachs

- 1 Preis Muskat, gemahlen
- 1 Preis Salz und Pfeffer

Vorbereitung

1. Brokkoli zuerst putzen, in kleine Röschen schneiden, waschen und in 0,5 Liter kochendem Salzwasser ca. 4 Minuten bissfest. Anschließend den Brokkoli durch ein Sieb streichen und das Kochwasser auffangen.
2. Butter in einer Pfanne schmelzen, Zwiebelstücke glasig dünsten, Mehl bestäuben und kurz anbraten. Sahne, Milch und Brokkoliwasser unter Rühren nach und nach dazugeben und bei schwacher Hitze ca. 10 Minuten köcheln lassen. Anschließend die Sauce mit Muskat, Salz und Pfeffer abschmecken und Dill und Käse unterrühren.
3. Etwas Sauce in einer rechteckigen Auflaufform verteilen, dann 4 Lasagneblätter darauf verteilen und je die Hälfte des Räucherlachses und Brokkoliröschen darauflegen. Mit 1/3 der Soße bedecken. Dann 4 Blätter Lasagne, Lachs und Brokkoli schichten. Ein weiteres Drittel der Sauce darüber verteilen. Mit den restlichen Lasagneblättern bedecken, mit dem

restlichen Brokkoli belegen und mit der Sauce übergießen.

4. Die Lachs-Brokkoli-Lasagne im vorgeheizten Backofen (Ober-/Unterhitze: 200°C, Umluft 175°C) ca. 40 Minuten backen.

51. NUDELN MIT TOMATENPESTO

Zutaten

- 1 g Pfeffer
- 1 g Salz
- 100 ml Wasser
- 25 g Pesto ai Pomodori Secchi
- 100 g Vollkornnudeln
- 15 g Parmesankäse

Vorbereitung

1. Zuerst die Nudeln in ausreichend Salzwasser al dente kochen.
2. Das getrocknete Tomatenpesto über die Nudeln verteilen.
3. Servieren Sie die Pasta mit Tomatenpesto mit Parmesan und frisch geriebenem Pfeffer.

52. HUITLACOCHE UND SPINATLASAGNE MIT FRISCHER PASTA FRESH

Zutaten

- 250 Gramm frische Nudeln in Blättern
- 500 Gramm Huitlacoche gekocht
- 100 Milliliter Sahne
- 200 Gramm Käse
- 100 Gramm Spinat

Schritte

1. Besorgen Sie sich ein geeignetes feuerfestes Material, um in den Ofen zu gehen, und halten Sie alle Ihre Zutaten bereit, um die Lasagne zusammenzusetzen
2. Setzen Sie die Lasagne zusammen, indem Sie den Boden mit etwas Sahne, Nudeln, Huitlacoche, Sahne, Käse und Spinat in der gewünschten Reihenfolge abwechseln, um Schichten zu bilden
3. Zum Schluss mit Sahne und Käse gratinieren, wenn es in den Ofen kommt
4. Im Ofen bei 180 Grad Celsius 20 bis 25 Minuten backen oder bis der Käse gratiniert und goldbraun ist.

53. FETA-NUDELN AUS DEM OFEN

Zutaten

- 600 g Kirschtomaten
- 1 rote Zwiebel
- 2 Knoblauchzehen
- 200 g Feta
- 1 EL Olivenöl
- Salz-
- Pfeffer
- 1 Prise getrockneter Thymian
- 1 Prise getrockneter Oregano
- 1 Prise Chiliflocken
- 400 g Vollkornspaghetti
- 2 Handvoll Basilikum

Vorbereitungsschritte

5. Tomaten putzen, waschen und bei Bedarf halbieren. Die Zwiebeln schälen, halbieren und in dünne Spalten schneiden. Knoblauch schälen und in Scheiben schneiden. Das Gemüse in eine Auflaufform geben und den Fetakäse in die Mitte geben. Alles mit Olivenöl, Salz, Pfeffer und Gewürzen bestreuen.
6. Im vorgeheizten Backofen bei 200 °C (Umluft 180 °C, Gas: Stufe 3) 30-35 Minuten backen.
7. Befolgen Sie in der Zwischenzeit die Anweisungen in der Packung, um die Nudeln in kochendem Salzwasser zu kochen. Basilikum waschen, trocken schütteln und die Blätter zupfen.
8. Die Nudeln abgießen und abtropfen lassen. Feta und Gemüse aus dem Ofen nehmen, mit einer Gabel grob hacken und mischen. Die Nudeln und 1½ Handvoll Basilikum in eine Auflaufform geben, alles gut vermischen und auf 4 Teller verteilen. Mit den restlichen Basilikumblättern servieren.

54. SPIRELLI MIT TOMATENSAUCE, LINSEN UND FETA

Zutaten

- 50 g Belugalinsen
- 1 Schalotte
- 1 Knoblauchzehe
- 1 Karotte
- 1 Zucchini
- 2 EL Olivenöl
- ½ TL Harissapaste
- 200 g stückige Tomaten (Dose)
- Salz-
- Pfeffer
- 1 Zweig Thymian
- 250 g Vollkornnudeln (Spirelli)
- 200 g Kirschtomaten
- 50 g Feta

Vorbereitungsschritte

6. Die Linsen in der doppelten Menge kochendem Wasser 25 Minuten garen, bis sie weich sind. Dann abgießen und abtropfen lassen.
7. In der Zwischenzeit Schalotten und Knoblauch schälen und hacken. Karotten und Zucchini putzen und in kleine Stücke schneiden.
8. Öl in einer Pfanne erhitzen und Schalotte und Knoblauch bei mittlerer Hitze 3 Minuten anbraten, dann Karotten, Zucchini und Harissa-Paste hinzufügen und 5 Minuten braten. Dann die Tomaten dazugeben und weitere 4 Minuten bei schwacher Hitze kochen. Thymian waschen, trocken schütteln und die Blätter abklopfen. Die Sauce mit Salz, Pfeffer und Thymian abschmecken.
9. Folgen Sie gleichzeitig den Anweisungen auf der Packung und kochen Sie die Nudeln in reichlich kochendem Salzwasser 8 Minuten lang. Dann abgießen und abtropfen lassen. Die fertigen Linsen mit Salz und Pfeffer würzen. Tomaten waschen und in 4 gleiche Teile teilen. Den Feta-Käse zerdrücken.

10. Die Nudeln in eine Schüssel geben, die Sauce mit Linsen und Tomaten angießen, mit Feta bestreuen und genießen.

55. TROCKENE PASTA-LASAGNE

Zutaten

- 1 Packung Ellenbogennudeln
- 200 Gramm gekochter Schinken
- 100 Gramm Maschinenkäse
- c / n Mozzarella
- Ketchup
- 1 Packung Spinat
- 1 Zwiebel
- 1/2 Aji morron

Schritte

1. Die Ellbogenpackung für die auf der Packung angegebene Zeit kochen, abseihen, reservieren

2. Die Hälfte der Nudeln in eine Auflaufform geben, auf die wir einen Spritzer Öl geben, gekochter Schinken darauf on
3. Zwiebel mit Paprika und gehackten Spinatblättern waschen, hacken, dünsten bis sie reduziert sind - die Hälfte auf den Kochschinken legen - eine Schicht Maschinenkäse und den restlichen Spinat darauf legen
4. Mit gekochtem Schinken und restlichen Nudeln belegen, mit Mozzarella abschließen
5. Mit Sauce bedecken - in den vorgeheizten Backofen auf maximal ca. 20 '25' - es kommt auf jeden Ofen an
6. Foto von Schritt 5 des Trockennudeln-Lasagne-Rezepts
7. Ofen ausschalten, einige Minuten in der Küche stehen lassen, auf den Tisch bringen, in Portionen schneiden
8. Mit mehr Tomatensauce und geriebenem Käse servieren (optional)

56. LASAGNE OHNE NUDELN

Zutaten

- 1/2 fein gehackte Zwiebel
- 2 Zähne Knoblauch
- 1/2 Kilo Rinderhack
- 8 geröstete Poblano-Pfeffer, geschält und enthäutet
- 12 frische Champignons
- 3 Zucchini
- 1 Beutel Frischer Spinat
- 1 Ziegenkäse
- c / n Chihuahua-Käse
- 1 Dose Tomatenmark
- Salz schmecken
- Pfeffer schmecken
- getrocknete Petersilie schmecken
- Thymian schmecken

Schritte

1. Das zu garende Fleisch mit etwas Olivenöl in eine Pfanne geben, Zwiebel und fein gehackten Knoblauch dazugeben...
2. ... Champignons hacken und in die Pfanne geben und würzen, Tomatenmark hinzufügen ...
3. ... mit einem Sparschäler: Zucchini in Scheiben schneiden und aufbewahren, Poblano-Paprika putzen, Chihuahua reiben und Ziege in kleine Stücke schneiden, Spinatblätter putzen ...
4. ... die Schwänze von der Chili entfernen und in Blattform schneiden ...
5. Wenn das Fleisch gekocht ist; Ein Bett Poblano-Chili wird in eine ofenfeste Form gelegt, dann der Rindereintopf, dann etwas Ziegenkäse, dann Spinat, ein weiteres Bett Chihuahua-Käse, eine Schicht Zucchinischeiben, ein Bett Rindereintopf .... alles wiederholen ...
6. ... Alles ins Bett legen ...
7. ... wiederholen, bis mit Zucchini fertig und am Ende Käse hinzufügen ...
8. ..... in den Backofen für 15 min bei 160°C oder 8 min in die Mikrowelle stellen .... fertig!!!!!

57. PENNE MIT TOMATENSAUCE UND KICHERERBSEN

Zutaten

- 1 Knoblauchzehe
- 2 Karotten
- 3 EL Olivenöl
- ½ TL Kreuzkümmel
- 1 Prise Cayennepfeffer
- 200 g stückige Tomaten (Dose)
- 50 ml Sojacreme
- Salz-
- Pfeffer
- getrockneter Rosmarin
- 250 g Vollkornnudeln (Penne)
- 100 g Kichererbsen
- ½ TL Kurkumapulver
- 1 TL Sesam
- 1 Handvoll Rucola

Vorbereitungsschritte

6. Den Knoblauch schälen und hacken. Karotten putzen, waschen und würfeln.
7. 2 EL Öl in einem Topf erhitzen, Knoblauch und Karotten darin 5 Minuten bei mittlerer Hitze anbraten, dann Kreuzkümmel, Cayennepfeffer und Tomaten dazugeben und weitere 4 Minuten bei schwacher Hitze kochen. Sojasahne dazugeben und die Sauce mit Salz, Pfeffer und Rosmarin würzen.
8. Gleichzeitig die Nudeln in reichlich kochendem Salzwasser 8 Minuten nach Packungsanweisung kochen. Dann das Wasser abgießen und das Wasser abgießen.
9. Um die Kichererbsen zu kochen, das restliche Öl in einer Pfanne erhitzen, Kichererbsen, Kurkuma, Sesam dazugeben und 4 Minuten bei mittlerer Hitze anbraten. Mit Salz und Pfeffer würzen. Rucola waschen und trocken schütteln.
10. Die Nudeln in Schüsseln verteilen, mit Kichererbsensauce übergießen und mit Rucola servieren.

58. LASAGNE MIT NUDELN (PASTA) FLIEGE UND SPIRALEN

Zutaten

- 350 Gramm Hackfleisch oder Hackfleisch
- 1 Packung Nudeln mit Fliege
- 1/2 Spiralnudelpackung
- 1 Zwiebel
- 1 Karotte
- 2 Umschläge Tomatensauce
- 10 Blätter Käse

Schritte

1. In einer Pfanne das Fleisch zusammen mit Zwiebel, Karotte und Gewürzen anbraten, dann die Tomatensauce, als eine Art Bolognesesauce, dazugeben

2. Foto von Schritt 1 des Rezepts Lasagne-Nudeln (Pasta) Fliege und Spiralen.
3. In einem Topf die Fliege zusammen mit den Spiralen in reichlich Wasser kochen und einige Lorbeerblätter hinzufügen, wenn sie fertig sind, das Wasser aufgießen und die Nudeln aufbewahren, um sie später zu verwenden.
4. In eine große Auflaufform eine große Menge Nudeln geben, dann etwas Käse und die Sauce hinzufügen, die alle Nudeln bis zum Boden bedeckt, und dann wieder eine dünne Schicht Nudeln darauf legen.
5. Zum Schluss eine Schicht Käse auflegen und 15 Minuten backen, 5 Minuten ruhen lassen und fertig zum Servieren!

59. Vegetarischer Nudelauflauf

Zutaten

- 400 g Vollkornnudeln zB Makkaroni
- Salz-
- 1 Stange Lauch
- 200 g Brokkoli
- 1 rote Paprika
- 100 g getrocknete Tomaten
- 4 Eier
- 100 ml Milch (3,5% Fett)
- 100 g Crème fraicheche-Käse
- 100 g geriebener Käse (zB Emmentaler, Gouda)
- Pfeffer

- Muskatnuss

Vorbereitungsschritte

1. Die Makkaroni in Salzwasser bissfest kochen, abtropfen lassen und abtropfen lassen. Der Lauch wird gewaschen und gereinigt, dann in Ringe geschnitten. 1 Handvoll Lauchringe zum Garnieren beiseite legen. Brokkoli waschen, Röschen trennen, Stiel würfeln und schälen. Zusammen 2-3 Minuten im Salzwasser kochen (blanchieren). Abschrecken und gut abtropfen lassen. Die Paprika sollte gewaschen und gereinigt und in kleine Stücke geschnitten werden. Mit den Tomaten in Streifen schneiden.
2. Eier mit Milch, Crème fraîche und der Hälfte des Käses verrühren. Mit Salz, Pfeffer und Muskat würzen.
3. Brokkoli, Lauch, Paprika und Tomaten mit den Nudeln mischen und in vier Ofenformen für

eine Portion (oder eine große Auflaufform) geben. Die Eiermilch darübergießen, mit dem restlichen Käse bestreuen und im vorgeheizten Backofen bei 180 °C (Umluft: 160 °C; Gas: Stufe 2-3) ca. 30 Minuten goldbraun backen. Mit restlichem Lauch bestreut servieren.

60. LASAGNE MIT SPINAT, RICOTTA, SCHINKEN UND MOZZARELLA (MATARAZZO-NUDELN)

Zutaten

- Matarazzo-Lasagne-Nudeln - ich habe sie ohne Vorhydration verwendet
- Spinat
- Ricotta
- Gekochter Schinken
- Mozzarella oder geriebener oder frischer Käse.
- Milchcreme
- Tomatensauce ... (Oder Tomatenpüree)
- Salz, Gewürze nach Geschmack

Schritte

1. Abgetropften gekochten Spinat mischen ... und Ricotta ... Salz, Pfeffer, Muskatnuss ... Sie können ein Ei legen ... Ich esse gewöhnlichen Ricotta ... nicht den mageren ... Ich habe nicht hinzugefügt ... es war cremig und die Füllung kam zusammen ...
2. In eine Schüssel geben ... in meinem Fall ein rechteckiges Glas Pyrex ... Tomatensauce geben (ich habe das Tomatenpüree wie in der Schachtel verwendet) ... einen Spritzer Sahne (ich benutze die helle zum Kochen) ... Deckel so unten am Brunnen ...

3. Dann legen Sie die Lasagne-Nudelplatten so wie sie in die Schachtel kommen ... (wenn es die Nudeln sind, die sie hydratisieren sollen ... sollten sie sie vorher hydratisieren, wie auf der Schachtel angegeben!) ... in meinem Fall. .. verwenden ohne zu hydratisieren ... und super!! ... super praktisch!
4. Eine Schicht der Ricotta-Spinat-Füllung auflegen ... (die Füllung in 2 teilen ... es sind 2 Schichten Füllung)
5. Auf die Füllung ... einige Scheiben gekochten Schinken legen ... und darauf geriebenen Mozzarella ... wenn Sie keinen Mozzarella haben ... geriebenen Käse hinzufügen ... oder Frischkäse ...
6. Dann noch eine Lage der Nudeln (die Lasagneplatten) ... und eine weitere Schicht der Ricotta-Spinat-Füllung ... darauf wieder Schinken ... und dann geriebener Mozzarella oder was auch immer Sie für Käse verwenden ...

61. PASTA-BLUMENKOHL-AUFLAUF MIT TOFU

Zutaten

- 1 kleiner Blumenkohl
- Salz-
- 200 g Räuchertofu
- 1 TL Pflanzenöl
- 400 g grüne Bandnudeln
- 1 Tomate
- 150 g geriebener veganer Käse
- Pflanzenöl für die Form
- 50 g vegane Margarine
- 2 EL Mehl
- 250 ml Sojacreme
- 120 ml Gemüsebrühe

- Pfeffer aus der Mühle
- Frisch geriebener Muskatnuss

Vorbereitungsschritte

1. Der Blumenkohl wird gewaschen und in Röschen geschnitten. Etwa 3 Minuten in Salzwasser blanchieren. Heben Sie es auf, spülen Sie es mit kaltem Wasser ab und lassen Sie es abtropfen. Tofu in kleine Würfel schneiden und in heißem Öl braun braten. Anschließend herausnehmen und beiseite stellen.
2. In kochendem Salzwasser die Nudeln kochen und 1-2 Minuten vor Ende der Garzeit abgießen, dann mit kaltem Wasser abspülen und abtropfen lassen. Die Tomate wird gewaschen, der Stiel entfernt und in Scheiben geschnitten. Reiben Sie Ihren Käse grob.
3. Backofen auf Ober- und Unterhitze 200 °C vorheizen. Backform einfetten. Margarine in einem Topf erhitzen, Mehl einrühren, bei schwacher Hitze unter Rühren goldbraun braten. Die Sahne mit der Gemüsebrühe unter Rühren langsam zugeben und aufkochen. Mit Salz, Pfeffer und Muskat

würzen. Die Paste mit Tofu und Blumenkohlröschen in der Auflaufform verteilen und die Tomatenscheiben darauf legen. Die Sauce darüber gießen und mit dem Käse bestreuen. Im vorgeheizten Backofen etwa 20 Minuten gratinieren.

62, THUNFISCHLASAGNE MIT HAUSGEMACHTER PASTA

Zutaten

Für die Nudeln: 300 Gramm Mehl

- 3 Eier
- Salz und ein Schuss Öl

Ausgestopft:

- Tomatensauce, Röstzwiebeln, Lauch, Knoblauch, Paprika
- julienned und eine geriebene Rüben, Thunfisch, Oliven, Käse,
- Oregano, Sahne und Butter

Schritte

1. Wir machen die Pasta gut mischen, wir lassen sie eine Viertelstunde abgedeckt ruhen.
2. Wir machen Tomatensauce so, wie wir es uns erträumen.
3. Ich habe die Sauce nicht mit Öl gemacht, sondern mit einem Schuss Wasser und Salz. Nach dem Frittieren habe ich es abgetropft und mit Tomatensauce, Thunfisch und Oliven vermischt.
4. Wir schneiden die Pasta in drei Teile und dehnen sie, bis sie so dünn wie möglich ist.

5. Die Zusammenstellung ist: ein wenig von der Mischung aus Sofrito, Pasta, Sofrito, Sahne, Sofrito-Pasta, Sahne, Pasta, Sofrito, Sahne, geriebener Käse, Oregano und ein paar kleine Hügel Butter.
6. Wir legen ihn in den Ofen, ich kenne die Temperatur nicht, weil ich ihn in einem Holzofen gemacht habe, und lassen ihn stehen, bis wir sehen, dass der Käse schmilzt.

63. LASAGNE-NUDELN MIT TORTILLA-KROKETTEN MIT CALÇOTS UND SCHINKEN

Zutaten

- 800gr. Calçots-Krokettennudeln mit Serrano-Schinken
- 500ml. Karottencreme

- 100g. Serrano-Schinken in Tacos
- Oregano-Pulver
- Olivenöl
- Geriebener Käse
- 9 Klingen Lasagne

Kochen:

- 3 Liter Wasser
- 10g. Aus Salz
- 1 großer Messlöffel Olivenöl

Schritte

1. Das sind die beiden Reste. Zum einen die Krokettennudeln und zum anderen die Karottencreme mit Thymiangeschmack. 3 Liter Salzwasser aufkochen. Wenn es zu kochen beginnt, fügen Sie einen Esslöffel Olivenöl und die Lasagneblätter hinzu. Rühren Sie es leicht und vorsichtig um, damit sie nicht kleben. 12 bis 15 Minuten kochen. Entfernen Sie sie mit einem Schaumlöffel und legen Sie sie 40 Sekunden lang in kaltes Wasser. Auf einem sauberen Tuch abtropfen lassen.
2. Einen Boden aus Karottencreme mit Olivenöl und getrocknetem Oregano beträufeln und darauf die beiden Lasagneblätter legen.

Obenauf legen wir den Krokettenteig, dem wir noch 100 g Serrano-Schinken hinzugefügt haben.

3. Wiederholen Sie den Vorgang, um 2 Höhen zu vervollständigen. Die Karottencreme darauf verteilen und mit Oregano bestreuen.
4. Geriebenen Käse dazugeben und in den vorgeheizten Backofen geben. Zuerst auf mittlerer Höhe, um alles zu erhitzen und dann oben, um den Käse zu gratinieren.
5. 2 Tabletts kamen heraus. 1 mit 6 Blättern und das andere mit 3 Blättern. Genießen

64. HAI-PASTA-LASAGNE

Zutaten

- 200 Gramm Hai-Pasta
- 400 Gramm Hackfleisch
- 1 Scheibe rote Paprika
- 1 Zwiebel
- 1 Zahn molliger Knoblauch
- 2 EL Weizenmehl
- 400 ml heiße Milch
- 3 EL Butter
- Salz schmecken
- 2 EL Olivenöl extra vergine
- 1 Glas Weißwein
- Gebratene Tomaten

Schritte

1. Paprika und Zwiebel in kleine Stücke schneiden. Den Knoblauch zerdrücken.
2. In einer Pfanne das native Olivenöl extra, die Zwiebel, den Pfeffer und den Knoblauch geben. Machen Sie eine Soße. Hackfleisch dazugeben. Gut umrühren. Fügen Sie Salz, Weißwein, gebraten hinzu. Lass es tun.
3. Während das Fleisch kocht, die Nudeln kochen.
4. Die Butter in einen Topf geben, nach dem Schmelzen das Mehl hinzufügen und umrühren, bis eine homogene Mischung ohne Klumpen entsteht. Salz, Muskatnuss und die heiße Milch hinzufügen. Gut umrühren.
5. Einen Teil der Bechamelsauce in eine Auflaufform geben.
6. Die Nudeln abgießen, sobald sie fertig sind.
7. Die Nudeln über die Béchamelsauce geben.
8. Das Fleisch hinzufügen
9. Restliche Béchamel dazugeben
10. Käse nach Geschmack geben.
11. Servieren und gehen

65. PASTA- UND KOHLAUFLAUF

Zutaten

- 500 g Vollkornnudeln (Farfalle)
- Salz-
- 2 Karotten
- 500 g Spitzkohl (ca. 1/4 Spitzkohl)
- 2 EL Butter
- 3 EL Olivenöl
- 150 ml Gemüsebrühe
- Pfeffer
- 100 g geriebener Mozzarella
- 2 Stängel Basilikum zum Garnieren

Vorbereitungsschritte

1. Vollkornnudeln in reichlich kochendem Salzwasser nach Packungsanleitung kochen. Abtropfen und abtropfen lassen.
2. In der Zwischenzeit die Karotten schälen und in dünne Scheiben schneiden. Spitzkohl putzen, in kleine Stücke schneiden und in einem Sieb waschen.
3. Butter und Olivenöl in einer Pfanne erhitzen, Spitzkohl und Karotten darin anbraten. Mit der Brühe ablöschen, mit Salz, Pfeffer würzen und bei mittlerer Hitze köcheln lassen, bis die Flüssigkeit verkocht ist. Gelegentlich umrühren.
4. Die Farfalle mit dem Gemüse mischen und in einer Auflaufform verteilen. Käse darüberstreuen und im vorgeheizten Backofen bei 180 °C (Umluft 160 °C; Gas: Stufe 2-3) 15-20 Minuten grillen. Mit Basilikum garnieren.

66. RICOTTAPASTA NACH LASAGNE-ART

Zutaten

- Penne-Rigote-Nudeln
- Rinderhack
- Pasta-Sauce
- Butter
- Mehl
- Milch
- Mozzarella Käse
- Parmesan
- Ei
- Knoblauchsalz
- Pfeffer

Schritte

1. Penne Rigote Pasta kochen (500grms)
2. 500 Gramm Hackfleisch würzen mit Pfeffer, Hühnerbrühe, Zwiebelsalz und Knoblauchsalz nach Geschmack
3. Bereiten Sie eine Sauce mit zwei Esslöffeln gesalzener Butter, einem Esslöffel Mehl und 3 Tassen Milch zu und bewegen Sie sie bei schwacher Hitze, bis die Sauce eindickt
4. 3 Rühreier über die Nudeln gießen und gut abdecken.
5. Die Nudeln in eine Schüssel geben und mit Nudelsauce bedecken (kann mit Tomatenpüree und Oregano zubereitet werden)
6. Das Rinderhackfleisch darauf legen, mit der weißen Soße bedecken und mit Mozzarella und Parmesan bestreuen. 30 Minuten backen.
7. Portionieren und mit Koriander oder Petersilie garnieren und genießen!

67. LASAGNE MIT PASTA MATARAZZO FERTIG

Zutaten

- 250 g Pasta fertig für Lasagne Matarazzo
- 500 g Spinat
- 400 g Ricotta
- 300 g Hackfleisch
- 200 g Schinken in Scheiben gegart
- 200 g Dambo Käse in Scheiben
- 4 mittelgroße Zwiebeln
- 2 Dosen Expertentomate für Sauce
- 200 g Milchcreme
- 100 g Reggiano-Käse zum Reiben

Schritte

1. Weichen Sie die Matarazzo-Paste wie auf der Packung angegeben ein und stellen Sie den Ofen auf Minimum.
2. Eine halbe Zwiebel anbraten, den Spinat (zuvor gekocht) und den Ricotta dazugeben. Mit Salz und Pfeffer würzen.
3. In einer anderen Pfanne eine halbe Zwiebel anbraten, das Fleisch dazugeben und anbraten. Mit Salz und Pfeffer würzen.
4. Aus den beiden Dosen Tomatenperita und den beiden restlichen Zwiebeln in einer großen Pfanne eine Tomatensauce zubereiten. Sie können auch eine Paprika hinzufügen, wenn Sie möchten.
5. Machen Sie eine Schicht Matarazzo-Fertignudeln, fügen Sie die Spinatzubereitung hinzu, bedecken Sie sie mit Tomatensauce und Sahne.
6. Eine weitere Schicht Nudeln, den Kochschinken, den Stockkäse dazugeben und wieder mit Tomatensauce und Sahne bedecken.
7. Fügen Sie eine weitere Schicht Nudeln hinzu und die Fleischzubereitung mit Tomatensauce und Sahne.

8. Mit der letzten Nudelschicht bedecken und mit der restlichen Tomatensauce und Sahne bedecken. Die 100 g Reggianito-Käse darüber reiben.
9. Zum Schluss für mindestens 20 Minuten in den Ofen geben. Vor dem Servieren etwas abkühlen lassen. Für 6 - 10 große Portionen.

68. GEMÜSELASAGNE MIT FRISCHER PASTA

Zutaten

Frische Pasta:

- 300 g Mehl
- 3 Eier
- eine Prise Salz

Gemüse:

- Ein Stück grüner Pfeffer
- 1 Karotte
- 1 Scheibe rote Paprika
- 1 Frühlingszwiebel
- 1 Lauch
- 1 Aubergine

- 1 Zucchini
- 150 g Champignons
- 3 Zähne Knoblauch
- geriebener Käse mischen 4 Käse
- Pfeffer, Salz und getrockneter Ingwer

Schritte

1. Gemüse hacken und gut pochieren, mit Pfeffer, Salz und Ingwer abschmecken und aufbewahren.
2. Wir kneten den Teig und führen ihn mehrmals durch die Maschine, damit er endlich ist.
3. Und dann bedecken wir den Boden der Pfanne mit dem Gemüse und bestreuen mit geriebenem Käse, bedecken mit Nudeln usw. mehrere Schichten.
4. Wir machen eine Bechamel, bestreuen Käse, legen sie in den vorgeheizten Ofen, bis der Käse schmilzt und braun wird (je nach Ofen).
5. Und alles, was bleibt, ist dieses wunderbare Gericht auf den Teller zu bringen und zu probieren.

69. PASTA-KARTOFFEL-AUFLAUF MIT ZWIEBELN

Zutaten

- 600 g Kartoffeln
- 300 g Croissant-Nudeln
- 2 EL gehackte Petersilie
- 50 g geschmolzene Butter
- Salz-
- Pfeffer
- Zum Aufgießen
- 400 ml Milch (nach Belieben 200 ml durch Sahne ersetzen)
- 4 Eier
- 100 g Emmentaler fein gerieben

- 2 Zwiebeln nach Belieben
- 4 EL geklärte Butter
- 50 g Emmentaler gespendet

Vorbereitungsschritte

1. Die Kartoffeln werden geschält, in mundgerechte Stücke geschnitten und in viel Salzwasser 20 Minuten gekocht. Die Nudeln nach Packungsanweisung in reichlich Salzwasser kochen.
2. Währenddessen die Masse mit den Eiern verquirlen. Die Milch mit Salz, Pfeffer und Muskat würzen und den Käse dazugeben. Die Hälfte davon zum Backen in eine Schüssel geben. Kartoffeln und Nudeln abgießen und gut abtropfen lassen, in einer Schüssel mit Petersilie und Butter mischen, in die Auflaufform gießen, die restliche Eimilch einfüllen und mit Alufolie abdecken. Bei 200° ca. im vorgeheizten Backofen. Dreißig Minuten lang.
3. In der Zwischenzeit die Zwiebeln schälen, in dünne Ringe schneiden und im

Butterschmalz goldbraun braten. Den fertigen Auflauf aus dem Ofen nehmen, abdecken, mit Käse bestreuen und mit Zwiebeln garniert servieren.

70. PASTA- UND KÄSEPFANNE MIT LAUCH

Zutaten

- 25 g Walnusskerne (1 Handvoll)
- 200 g Vollkornnudeln (Linguine)
- Salz-
- 1 Stange Lauch
- 1 Zwiebel
- 250 g Hähnchenbrustfilet
- 15 g Butter (1 EL)
- 200 g Kochsahne (15% Fett)
- Pfeffer
- 1 TL getrockneter Majoran
- 100 g Blauschimmelkäse (30% Fett in Trockenmasse)

Vorbereitungsschritte

1. Walnüsse grob hacken und in einer heißen Pfanne ohne Fett bei mittlerer Hitze 3 Minuten braten. Herausnehmen und beiseite stellen. Die Nudeln in reichlich Salzwasser nach Packungsangabe kochen, bis sie bissfest sind. Dann abgießen und abtropfen lassen.
2. Während die Nudeln kochen, den Lauch putzen, längs aufschlitzen und unter fließendem kaltem Wasser gründlich waschen, auch zwischen den Blättern. Trocken tupfen und alles in feine Ringe schneiden. Zwiebel schälen und fein hacken.
3. Hähnchenbrust waschen, trocken tupfen und in Streifen schneiden. Die Butter in einer großen Pfanne erhitzen. Fleisch dazugeben und bei starker Hitze etwa 3 Minuten braten. Zwiebel zugeben und 2 Minuten bei mittlerer Hitze anbraten. Lauch zum Fleisch geben und zugedeckt 2-3 Minuten garen.
4. Die Kochsahne einfüllen, die Nudeln untermischen und alles mit Salz, Pfeffer und Majoran würzen. Den Käse in kleine Stücke

schneiden, über die Nudeln gießen und auf Tellern mit Walnüssen servieren.

71. GEMISCHTE LASAGNE (HUHN, FLEISCH UND GEMÜSE)

Zutaten

- 1 Geflügelbrust
- 1 Pfund Rinderhackfleisch
- 1 Bündel Mangold
- Knoblauch, Salz, Paprika, Salsina
- 1 Umschlag Bechamelsauce
- 1 Umschlag Bolognesesauce
- 1 Packung Lasagne-Nudeln
- 1/2 Pfund Risskäse
- 1/2 Pfund Parmesan
- Oregano
- Lasagneformen

Schritte

1. Die Brust mit Knoblauch, Salz und Paprika kochen
2. Den Mangold hacken und mit Sauce kochen
3. Das Hackfleisch mit Gewürzen, Salz und Paprika leicht anbraten.
4. Das Fleisch goldbraun anbraten.
5. Bereiten Sie die Bechamelsoße vor
6. Bereiten Sie die Bolognese-Sauce zu
7. Die Bolognese-Sauce mit dem Fleisch mischen 3 Minuten bei mittlerer Hitze kochen cook
8. Die Pecuga zerbröseln

9. Buttern Sie die Behälter und schichten Sie die Nudeln, den Käse, das Fleisch, das Huhn und das Gemüse einmal pro Etage, fertig mit Parmesan und Oregano.
10. Bauen Sie die Böden nach Ihren Wünschen
11. Mit Alufolie abdecken und im vorgeheizten 180° Backofen 15 bis 20 min backen.

72. LASAGNE MIT CARBONARA-SAUCE, CHAMPIGNONS UND HÜHNCHENRASPELN

Zutaten

- 1/2 Hähnchenbrust
- 1 Umschlag Carbonara-Sauce
- 3 Tassen Vollmilch
- 125 Gramm Pilze
- 250 Gramm Lasagne

- 250 Gramm Mozzarella-Käse
- 1 Würfel Hühnersuppe
- 1 EL Korianderpulver
- zwei Aluminium-Ofenschalen

Schritte

1. Die Hühnerbrust wird mit Wasser und dem Hühnerbrühewürfel gekocht. 15 Minuten lang, bis Sie sehen, dass es innen und außen bereits gegart ist. Es wird aus dem Topf und der Brühe genommen -Es kann für ein anderes Rezept aufbewahrt werden-. Das Huhn wird zerkleinert und reserviert.
2. In eine Schüssel mit weitem Mund Wasser, Salz und 1 EL Öl zum Erhitzen geben, damit die Lasagne gar wird und sich leichter teilen lässt. Für eine Weile nicht mehr ..... und wir legen sie einzeln auf ein Tablett, ohne zu kleben ...
3. Die Champignons mit 1 EL Butter und Salz werden etwas gekocht.
4. In einem anderen Topf in 3 Tassen Vollmilch die Carbonara-Sauce bei Raumtemperatur gut mischen und auf den Herd stellen, bis sie kocht und eindickt und Korianderpulver hinzufügen.

5. Bereits! Alles ist fertig und gekocht: Jetzt die Lasagne wie folgt zusammenbauen: Jede Coca wird von allen Seiten mit Butter eingefettet, eine Pasta-Carbonara-Sauce halbiert, dann Käse, das zerkleinerte Hühnchen, eine weitere Pasta, Carbonara-Sauce, Pilze, Pasta, Käse, Carbonara-Sauce, Hühnchen und so weiter .. Bis fertig.

73. AUBERGINEN-LASAGNE

Zutaten

- zwei Aubergen
- 1 Pfund Rinderhackfleisch

- 2 Tassen Blumenkohl-Bechamelsauce
- 2 Tassen Tomatenmark
- 250 Gramm Käse

Schritte

1. Auberginen in Scheiben schneiden und 20 Minuten in Salzwasser legen, dann herausnehmen, trocknen und 3 Minuten von beiden Seiten grillen.
2. Sobald die Auberginen geröstet sind, die Lasagne zubereiten. Legen Sie eine Schicht Blumenkohl Bechamelsauce, Auberginenscheiben, Tomatenmark, Fleisch, ich links und wieder Auberginenscheiben. Fortfahren, bis die Zutaten fertig sind, mit Käse abschließen.
3. Bereiten Sie die Lasagne vor und geben Sie sie 20 Minuten in den Ofen. Fertig, servieren und genießen.

74. GEMISCHTE LASAGNE

Zutaten

- 500 Körner Nudeln für Lasagne
- 600 Gramm Brust ohne Knochen
- 600 Gramm Frischkäse
- 3 Blätter Lorbeer
- 1 / 2 Zwiebel
- Salz und Pfeffer
- 3 Eier

Für die Bolognese-Sauce

- 1 Karotte
- 2 Zähne Knoblauch
- 1 Zwiebel
- 300 Gramm Tomaten
- 1 Tasse Rotwein

- Für die Bechamel
- 80 Gramm Weizenmehl
- 1/2 Tasse Milch
- 30 Gramm Butter
- 2 Tassen Hühnersuppe

Schritte

1. Legen Sie die Hähnchenbrust zum Kochen, mit der Zwiebel, dem Lorbeerblatt, Salz und Pfeffer nach Geschmack
2. Das Hühnchen zerkleinern und die Brühe durch das Sieb geben, die Brühe bei schwacher Hitze aufstellen, eine leichte Mehlschwitze zubereiten, die Milch in die Brühe geben und die Mehlschwitze ständig mischen, während sie eindickt, fügen Sie das Hühnchen hinzu.
3. In einer Bratpfanne den Knoblauch anbraten, dann die Zwiebel in Würfeln, den Sellerie in Würfeln, die Karotte in Würfeln hinzufügen, den Wein hinzufügen und verdampfen lassen, sobald diese Sauce das Fleisch und die Tomaten hinzufügte und kochen. Korrigieren Sie das Salz und fügen Sie Farbe und Kreuzkümmel hinzu.
4. Käse reiben und in einer Schüssel die Eier schlagen

5. In die Form legen Sie eine Schicht Nudeln, eine Schicht Hühnchen und Käse, eine Schicht Nudeln und eine Schicht Carbonara und eine Schicht Ana Nudeln, reichlich Käse und Ei. 20 Minuten bei 180 Grad backen.

75. PFANNENLASAGNE MIT HÜHNCHEN

Zutaten

- Lasagne-Nudeln
- Spinat
- Getrocknete Tomaten
- Hühnersuppe
- 1/3 Tasse Vollmilch oder Sahne
- Falls Sie Vollmilch verwenden 1 Esslöffel Weizenmehl
- nach Geschmack Salz und Pfeffer
- 2 Zähne zerdrückter Knoblauch
- Parmesan
- Mozarella-Käse

Für das Huhn

- Hühnerbrust

- Paprika
- nach Geschmack Salz und Pfeffer
- Getrockneter Oregano
- 1/2 Esslöffel Zitronensaft

Schritte

1. In einer vorgeheizten Pfanne geben wir Olivenöl hinzu und fügen dann die gewürfelte Hähnchenbrust zusammen mit Paprika, Salz und Pfeffer, Oregano und Zitronensaft hinzu. Bei schwacher Hitze köcheln lassen, bis das Hähnchen auf beiden Seiten goldbraun ist.
2. In eine andere Pfanne geben wir das Olivenöl und wenn es heiß ist, fügen wir den Spinat und den Knoblauch hinzu, wenn der Knoblauch Farbe annimmt, fügen wir die getrockneten Tomaten hinzu und einige Sekunden später fügen wir die Hühnerbrühe hinzu , Salz und Pfeffer und die Milch oder Milchcreme, alles sehr gut mischen, bis alles integriert ist und es Zeit ist, die in Stücke geschnittenen Lasagne-Nudeln hinzuzufügen, die Pfanne zudecken und bei schwacher Hitze kochen lassen und wenn es fertig ist, fügen wir hinzu der Mozarella-Käse.
3. Wenn der Mozzarella geschmolzen ist, ist es Zeit zum Servieren. In einen tiefen Teller

geben wir die Mischung aus Pasta und Sahne, wir fügen das Hühnchen in Würfeln hinzu und zum Schluss fügen wir den Parmesan hinzu.

76. LASAGNA DE POLLO, A LA TAZA ...!

Zutaten

Für die Füllung:

- 1 Tasse gekochte Brust, zerkleinert
- 3/4 Tasse rote Soße
- 1 Teelöffel. Knoblauchpaste
- 50 Gramm geriebener Mozzarella-Käse
- Oregano probieren
- 3 Blätter wellige Lasagne
- Rote Soße in meinem Kochbuch
- um Mozzarella zu probieren
- Oregano
- Olivenöl

Schritte

1. Die Brust kochen, zerkleinern, den Mozzarella reiben, Käse, Hühnchen, Knoblauchpaste und rote Pastasauce mischen, in meinem Rezeptbuch mit Oregano, reservieren. Die Nudeln al dente kochen. Die Rollen zusammenbauen: Ein Nudelblatt auflegen, mit dem Hühnchen füllen ...
2. Ein weiteres Blatt auflegen, füllen und abdecken, fest rollen.
3. So wie es geschätzt wird. Nehmen Sie eine mikrowellengeeignete Tasse und passen Sie einfach die Lasagne-Rolle hinein. Mit etwas Olivenöl lackieren, geriebenen Mozzarella, rote Soße, Oregano hinzufügen ...
4. Legen Sie die Rolle in die Tasse, fügen Sie die rote Sauce, Mozzarella-Käse, Oregano und Pfefferminze hinzu, um zu schmecken ...
5. Mikrowelle für 3 Minuten und voila ...! Drehen Sie die Tasse auf einem Teller um, 2 Hübe, damit die Lasagne fällt und genießen Sie, so einfach, so schnell, es ist eine Freude, in meiner Küche, damit sie es zu Hause probieren können.

77. ZUCCHINI-TOMATEN-LASAGNE

Zutaten

- 16 Blätter Lasagne-Nudeln
- 3 Zucchini
- 4 Tomaten
- 1 Zwiebel
- 3 Tassen Bechamelsauce
- 2 EL Butter
- 1 Pfund Mozzarella-Käse
- Parmesan schmecken

Schritte

1. Die Lasagneblätter einweichen. Bereiten Sie die Bechamelsoße vor. Zucchini in Würfel schneiden und in Butter anbraten
2. Die Zwiebel in Würfel schneiden und anbraten, die ebenfalls in Würfel geschnittene Tomate dazugeben. Zu den Zucchini geben und mischen.
3. Für die Lasagne zuerst die Béchamelsauce geben, dann eine Schicht Gemüse, Mozzarella, diesen Schritt noch 4 mal wiederholen, mit Béchamel und Parmesan abschließen. 20 Minuten bei 220 °C backen
4. Überbacken lassen und sehr heiß servieren. Für eine andere Option können Sie dem Gemüse Speck, Thunfisch oder Schinken hinzufügen.

78. LASAGNE

Zutaten

- Geflügelbrust
- gemahlenes oder geschreddertes Rindfleisch
- nach Geschmack reife Tomate
- Tomatenmark
- Große Zwiebel
- Lauchzwiebel
- Doppelrahmkäse
- Thymian und Lorbeerblatt
- Lasagne-Nudeln
- Salz Pfeffer und Magui
- Bechamelsauce

Schritte

1. Huhn und Fleisch werden in einem Behälter mit Thymian und Lorbeerblatt gekocht; Inzwischen in einem anderen Behälter die Tomaten mit etwas Salz und einer Prise Bicarbonat mit wenig Wasser anbraten.
2. Die Zwiebeln werden fein gehackt, sowohl lang als auch großköpfig, und bei schwacher Hitze braten.
3. Nachdem die Tomaten gut gekocht sind, werden sie zubereitet, um sie zu verflüssigen und zu den zuvor gebratenen Zwiebeln mit einer Menge Tomatenmark zu geben und wenn Sie für einen besseren Geschmack etwas von dem Wasser hinzufügen möchten, in dem das Fleisch oder Hühnchen gekocht wurde, Magui to Geschmack, Knoblauch, Salz, Pfeffer und Thymian und Lorbeerblatt.
4. Andererseits werden die Nudeln für Lasagne in heißem Wasser vorgekocht, bis eine weiche Textur erhalten wird, und Hühnchen und Fleisch werden in separaten Behältern zerkleinert.
5. Nachdem wir all dies getan haben, müssen wir den Eintopf nach Belieben zum Fleisch und Hühnchen geben und die Lasagne zusammenstellen.

6. Eine Schicht Nudeln für Lasagne wird in den Behälter gegeben und ein wenig Bechamelsauce wird hinzugefügt, es geht weiter mit einer Schicht Käse und einer Schicht Fleisch, wieder eine Schicht Nudeln mit Bechamelsauce und Käse gefolgt von einer Schicht Hühnchen und so auf. bis die gewünschten Schichten erreicht sind und es mit einer Schicht Nudeln und einer doppelten Schicht Käse mit Béchamelsauce endet und wir 25 Minuten backen.

79. AUBERGINENLASAGNE MIT HACKFLEISCH

Zutaten

- 1-2 Auberginen, wenn sie groß sind. Wenn sie etwa 6 . klein sind
- 1 Pfund Hackfleisch bei richtiger Zubereitung
- Tomatenmark
- Oregano
- Lorbeer
- Butter
- Knoblauch
- Salz
- Mozzarella Käse
- Parmesan

Schritte

1. Wenn Sie möchten, können Sie die Auberginen etwas schälen und dann in Scheiben schneiden. Diese Blätter werden in Wasser mit zuvor mazeriertem Knoblauch eingetaucht.
2. Danach werden sie abgetropft, bevor sie auf beiden Seiten in Butter gebraten werden, während sie später zusammengebaut werden können. Wenn sie aus dem Wasser genommen werden, neigen sie dazu, bitter zu werden,

weshalb sie nach dem Schneiden mit Salz versetzt werden müssen und ins Wasser gehen.

3. Das Hackfleisch sollte mit dem Tomatenmark saftig sein und zusätzlich nach Belieben mit dem gemischten Gemüse Ihrer Wahl zubereiten, ohne Oregano, Lorbeerblatt und Salz zu vergessen.
4. Nachdem alles fertig ist, wird die Form gefettet und zusammengebaut, zuerst eine Schicht Auberginen, gefolgt von einer weiteren Schicht Hackfleisch und Mozzarella-Käse und so weiter, bis zum Abschluss eine Schicht Auberginen und der Mozzarella-Käse und der Parmesan darauf liegen, wenn sie sind gewollt.
5. Diese Form wird 30 Minuten bei 160° gebacken, ruhen lassen und schon ist sie genussbereit.

80. GEMISCHTE LASAGNE, MIT KÄSE-KNOBLAUCH-SAUCE

Zutaten

- Knoblauch-Käse-Sauce (Rezept oben)
- 1 Pfund Rinderhackfleisch
- Nach Geschmack Paprika, Pfeffer, Kurkuma, Knoblauch und Salz
- 1 1/2 Tasse Wasser
- 12 Blätter Pasta für Lasagne
- 12 Fischmärkte Parmesan

Schritte

1. In einer Schüssel das Hackfleisch mit den Gewürzen kochen, wenn es gut durchgegart ist, das Wasser und 2 Esslöffel Mehl hinzufügen. Geschmack schmecken. Sobald es gut gekocht ist und beginnen Sie, die Lasagne zusammenzubauen.
2. In der Auflaufform eine erste Schicht Knoblauch-Käse-Sauce verteilen, dann die Nudeln, den Käse und die Sauce mit Colida-Fleisch
3. Wiederholen Sie die Schichten entsprechend der Menge der Zutaten, die Sie haben, und enden Sie mit Käse. 25 Minuten bei 180 Grad backen. Ich bin rechtzeitig außer Kontrolle geraten.

81. ROLL LASAGNE, GEFÜLLT MIT MORTADELLA UND MOZZARELLA-KÄSE

Zutaten

- 7 Klingen Pasta, halbiert
- 14 Blätter oder Scheiben Schweine-Mortadella (Huhn, Pute)
- 14 Mozzarella-Käse-Sticks
- Rote Sauce für Pasta in meinem Kochbuch
- um Mozzarella zu probieren
- Parmesan schmecken
- Oregano und süßen Paprika probieren
- Mohn
- Olivenöl
- Butter zum Lackieren der Form

Schritte

1. Wasser mit einer Prise Salz und 1 EL aufkochen. Pflanzenöl, die Lasagneblätter dazugeben und ca. 10 Minuten al dente kochen. Abtropfen lassen und aufbewahren, ohne sie über die anderen zu legen, damit sie nicht kleben. Die Mortadella-Päckchen mit dem Käse darin zusammenbauen und verschließen.
2. Dann rollen Sie sie mit dem Nudelblatt auf, wie auf dem Foto gezeigt. Die gewählte Form mit Butter bestreichen und die Brötchen nach Belieben auflegen. Mit der roten Sauce großzügig baden.
3. Die Mozzarella-Scheiben, den Parmesan, den Oregano und den süßen Paprika mit dem Mohn dazugeben. Ein Spritzer Olivenöl schadet überhaupt nicht. Den Backofen 10 Minuten auf 200 Grad vorheizen. 20 Minuten backen oder bis der Käse gratiniert ist. Aus dem Ofen nehmen und mit Hilfe eines Spatels, ohne zu verbrennen, die erste Portion entfernen. Ufffffff...!
4. Du kannst dir nicht vorstellen, woher du das weißt, also überrasche mich und gib mir Herzen. Sie wissen, dass ich sie liebe, mit Leidenschaft ... !!

82. BESONDERE LASAGNE

Zutaten

- 1/2 Pfund Rinderhackfleisch
- 1/2 Pfund Schweinehack
- 6 Streifen Speck
- 1 Packung Lasagnenudeln (vorgekocht)
- 1/2 Pfund Mozzarella-Käse
- 1 weiße großköpfige Zwiebel
- 3 große rote Tomaten
- 1 Tasse Champignons
- 1 Tasse Tomatenmark
- 50 Gramm Butter
- 60 Gramm Weizenmehl
- 1 Liter Milch
- Parmesan

- zum Probieren von Oregano, Lorbeer und Thymian
- Salz und Pfeffer

Schritte

1. Die Zwiebel fein hacken und in Butter anbraten, das Fleisch dazugeben und bei schwacher Hitze anbraten.
2. Speck in Stücke und Tomatenwürfel schneiden, zum Fleisch geben
3. Oregano, Lorbeerblatt und Thymian dazugeben, Champignons in Scheiben schneiden und zum Fleisch geben, einige Minuten garen
4. Das Tomatenmark dazugeben und aufkochen, die Sauce durch Zugabe von 2 Esslöffeln in Wasser aufgelöstem Weizenmehl andicken, dabei ist es wichtig, das Mehl zuzugeben, indem man es in einem Faden fallen lässt und gleichzeitig mischt, damit sich keine Klumpen bilden .
5. Bereiten Sie eine Bechamelsauce zu. Die Butter (40 g) in einen Topf bei schwacher Hitze geben, bis sie geschmolzen ist, das Mehl (60 g) auf einmal hinzufügen, mit der Butter mischen, die Milch hinzufügen und sehr gut mischen, um keine Klumpen zu bilden,

Salz und Pfeffer. Mit Wachspapier abdecken, damit es keine Creme bildet.

6. Wenn Sie die Saucen zubereiten, können Sie die Lasagne-Nudeln in Wasser einlegen, um sie handlicher zu machen. Um die Lasagne zusammenzusetzen, zuerst eine kleine Schicht Sauce, dann Lasagne-Nudeln auftragen.
7. Legen Sie eine Schicht Sauce, Mozzarella-Käse, Bechamelsauce. Wiederholen Sie die Schritte, bis die Form gefüllt ist
8. Sie sollten zwischen 4 und 5 Nudelschichten haben, mit Sauce und Parmesankäse abschließen, backen, bis die Nudeln nach Herstellerangaben gar sind, ca. 10 - 20 Minuten, je nach verwendeter Nudelsorte. Ich empfehle Hartweizen. Zum Gratin nehmen und heiß servieren.

83. REIFE BANANENLASAGNE

Zutaten

- zwei reife Bananen
- 500 g Rind- und Schweinefleisch-Mix
- zwei rote Tomaten
- 2 Stängel Zweigzwiebel
- 1/2 Rote Zwiebel
- 1/2 weiße Zwiebel
- 200 g Tomatenmark
- Salz
- Öl
- Mozzarella Käse
- Parmesan schmecken

Schritte

1. Schneiden Sie die Bananen in dünne Scheiben. Eine Bratpfanne mit reichlich Öl erhitzen und die Bananenscheiben für jede Seite eine Minute anbraten
2. Zwiebeln und Tomaten fein hacken und in einer Pfanne mit etwas Öl, Salz und Pfeffer anbraten, anbraten und das Fleisch goldbraun zugeben.
3. Nehmen Sie eine für den Ofen geeignete Form und legen Sie den Boden mit den Bananenscheiben, dann Käse und dem Fleisch aus. Wiederholen Sie den Vorgang, bis der Behälter voll ist. Mit einer Schicht Käse und einer weiteren Parmesanschicht abschließen.
4. 30-35 Minuten bei 180 ° C / 350 ° F backen.

84. FLEISCHLASAGNE

Zutaten

- 2 Portionen
- 500 gr Hackfleisch
- 6 Scheiben Käse
- 4 Teller Lasagne
- Senf schmecken
- nach Geschmack Tomatenmark
- nach Geschmack Knoblauchpaste
- nach Geschmack Salz und Pfeffer
- Petersilie probieren

Schritte

1. Fleisch mit Salz und Pfeffer bei mittlerer Hitze anbraten
2. Petersilie, Senf, Tomatenmark und Knoblauchpaste mischen
3. In einer Pfanne mit kochendem Wasser die Lasagne-Nudeln einweichen
4. Foto von Schritt 3 des Fleisch-Lasagne-Rezepts
5. Die Lasagne mit Nudeln, Fleisch und Käse pro Schicht zusammenstellen
6. 30 Minuten bei 180 Grad backen
7. Und zu genießen

85. HÜHNCHEN-SCHINKEN-LASAGNE

Zutaten

- 2 Esslöffel Öl
- 3 Esslöffel Salz
- 1 große Zwiebel
- 1/2 Geflügelbrust
- 1/4 kg Mehl
- zwei kleine Butterstücke
- 1 Liter Milch
- 10 Scheiben Mozzarella-Käse
- 10 Schinkenlinien
- Pfeffer
- zwei Lasagne-Pastaballen

Schritte

1. Die Brust zum Kochen bringen und etwas salzen, die Zwiebel in einer sehr kleinen Menge roh gehackt, in einem separaten Behälter wird die Butter mit etwas Öl zubereitet, damit sie nicht anbrennt, wenn sie geschmolzen ist, wird sie hinzugefügt Portion Mehl und wenn es aufgebläht ist, ist es bereits gekocht, fügen Sie ein Glas Milch hinzu, dann fügen Sie etwas Pfeffer und Salz hinzu, hacken Sie das Huhn in kleine Stücke wie den Schinken, in eine Schüssel geben Sie die Sauce, dann das Huhn, den Schinken und rohe Zwiebel
2. Geschnitten Käse, dann mehr Soße genug, um alles zu baden, noch eine Schicht Nudeln, noch mehr Hühnchen, Schinken, rohe Zwiebeln und Käse, noch einmal das Soßenbad und zum Schluss noch eine Schicht Nudeln, kleine Hähnchenstücke, Schinken, pressen und in Folie gewickelt, gebacken bake bei 375 Grad und fertig zum Abschmecken.

86. KARTOFFEL-BOHNEN-LASAGNE

Zutaten

- 400 gr in Scheiben geschnitten Kartoffel
- 6 Scheiben Mozzarella-Käse
- 150 gr Bohnen
- 100 gr weiße Zwiebel
- 120 ml Milchcreme
- 50 ml Knoblauchpaste
- nach Geschmack Salz und Pfeffer

Schritte

1. Kartoffeln und Zwiebeln in Scheiben schneiden
2. Sahne, Pfeffer und Knoblauchpaste mit einer Prise Salz vermischen
3. Legen Sie die erste Schicht mit Kartoffelboden, Sahnezwiebeln und Käse
4. Zweite Schicht, Kartoffel, Bohnen, Sahne und Käse
5. 30 Minuten bei 180 Grad zugedeckt backen
6. 20 Minuten ohne Deckel backen

87. ASIATISCHER TOFU MIT SOBA-NUDELN

Zutaten für 2 Portionen:

- 2 Portionen Soba-Nudeln
- 1 Würfel (180 g) Natur- oder Räuchertofu
- 1 kleine weiße Zwiebel
- 1 Frühlingszwiebel
- 1 Knoblauchzehe
- 1 mittelgroße Karotte
- 2 Tassen kleine Brokkoliröschen
- ¼ Tasse Sojasauce
- 2 Teelöffel brauner Zucker
- ⅓ Tasse Wasser
- 3 Esslöffel Öl

- Salz, Pfeffer nach Geschmack

Prozess

1. Tofu in schmale Stifte schneiden und in einer Pfanne in heißem Öl von beiden Seiten goldbraun und knusprig braten - am besten nicht bewegen, einfach geduldig warten und zusehen, wie er brutzelt. Den fertigen Tofu in eine Schüssel geben und um die Sauce kümmern.
2. Braten Sie gehackten Knoblauch und Zwiebeln in derselben Pfanne, in der Sie Tofu zubereitet haben. Sojasauce, braunen Zucker und Wasser hinzufügen. Zum Kochen bringen, dann die Hitze reduzieren und überschüssige Flüssigkeit langsam verdampfen lassen. Die Sauce sollte leicht reduziert werden.
3. In der Zwischenzeit die Nudeln kochen.
4. Den gebratenen Tofu mit der Sauce in die Pfanne geben und gründlich vermischen,

sodass das Ganze mit der Sauce bedeckt ist. Fügen Sie dazu winzige Brokkoli- und Karottenröschen hinzu, die auf groben Maschen oder Mandoline gerieben werden.

5. Füllen Sie die Nudeln in die Lunchbox, gießen Sie die Sauce aus der Pfanne in einen separaten Behälter und nehmen Sie alles mit zur Arbeit.

88. GEMISCHTE LASAGNE, HÜHNCHEN UND FLEISCH

Zutaten

- 500 gr Hackfleisch
- 500 gr geschredderte Brust
- 1000 gr große Zwiebel
- 200 gr Tomaten
- ---- Lasagne-Nudeln
- 1 Umschlag Maggie Bolognese Base
- 1 Umschlag Maggie Mushroom Chicken Base
- Gehackter Käse zum Gratinieren
- 4 Lasagneformen aus Aluminium

Schritte

1. Tomate und 500 g Bighead mixen, zum Hackfleisch geben und garen.
2. Den Maggie Bolognese Soßenboden mit etwas Wasser (ein halbes Glas) verrühren und zum Fleisch geben, kochen lassen und eindicken.
3. Die restlichen 500 g Bighead julieren, goldbraun braten und das Hähnchen dazugeben.
4. Den Hähnchenbodenbeutel mit Champignons mischen und zum Hühnchen geben, kochen lassen, bis es eindickt, dies wird mit wenig Wasser (ein halbes Glas) gemischt
5. Kochen Sie die Pasta für Lasagne etwa 3 Minuten in Salzwasser, nehmen Sie sie heraus und lassen Sie sie in Wasser auf das Klima

abkühlen, das die Pasta ausdehnen und al dente wird.

6. Jetzt einfach weiter formen oder anrichten.
7. Fleisch, Käse, Nudeln, Hühnchen, Käse, Nudeln, Fleisch werden wieder eingeschichtet und mit Käse überzogen.
8. Es wird in den Ofen gebracht, bis der Käse braun wird. Wenn Sie keinen Grillofen in der Mikrowelle haben, können Sie dies auch tun.

89. ROTE HÜHNCHEN-LASAGNE (RAGÚ)

Zutaten

- 500 Gramm vorgekochte Lasagne-Nudeln
- 3 Hähnchenbrust

- 500 Gramm Mozzarella-Käse in Würfel geschnitten
- 100 Gramm geriebener Parmesankäse
- ---- Für die Soße
- 1 Pfund Karotte
- 1/2 Pfund weiße großköpfige Zwiebel
- 1 Dose Tomatenmark
- 1 EL Zucker
- 2 EL Weizenmehl
- Oregano, Lorbeerblatt, Thymian, Knoblauch, Senf, Salz und Pfeffer

Schritte

1. Die Brust in Würfel schneiden, mit Knoblauch, Senf, Salz und Pfeffer marinieren. Eine halbe kleine Zwiebel schneiden, etwas anbraten und das Hühnchen hinzufügen, auf dem Feuer lassen, bis es gut gekocht ist.
2. Die Karotte schälen und in große Stücke schneiden, die große Zwiebel schneiden und mit Wasser, Lorbeerblatt, Thymian, Oregano und Wasser mischen. Auf schwache Hitze stellen, reduzieren lassen, salzen und pfeffern, Aromen korrigieren und das in Wasser aufgelöste Mehl dazugeben, um die

Sauce etwas anzudicken, gut mischen, damit sich keine Klumpen bilden.

3. Um die Lasagne zusammenzusetzen, geben Sie zuerst die rote Sauce in eine Pyrex- oder Aluminiumform, so dass sie den Boden des Behälters bedeckt
4. Legen Sie eine Schicht Nudeln (auch wenn sie vorgekocht sind, hydratiere ich sie normalerweise, es erleichtert die Handhabung)
5. Jetzt noch eine Schicht Sauce und Hühnchen-Mozzarella-Käse
6. Wiederholen Sie den Vorgang, bis die Form fertig ist. Eine gute Lasagne sollte 5 Schichten Soße haben, mit Soße und Parmesankäse abschließen, bei 220 C 15 bis 20 Minuten backen. Heiß servieren

90. FLEISCHLASAGNE

Zutaten

- 300 Nudeln für Lasagne
- 300 Gramm Tomatenmark
- 400 Gramm gehackter Doppelrahmkäse
- 300 Gramm geriebener Mozzarella-Käse
- 2 Pfund Rinderhackfleisch
- 1 große große Zwiebel
- Thymian
- Lorbeer
- Salz
- Pfeffer

Schritte

1. Tomatenmark, Zwiebel, 3 Zweige Thymian ohne Stamm in den Mixer geben, salzen und pfeffern, verarbeiten.
2. Die Sauce in einer Schüssel mit der Mischung, dem Fleisch und einigen Lorbeerblättern zubereiten, kochen, 10 Minuten mischen und die Lorbeerblätter entfernen.
3. Legen Sie die Nudelblätter nacheinander für 5 Minuten in heißes Wasser oder bis sie gut hydratisiert sind.
4. In Lasagneformen ein Nudelblatt, eine Schicht Fleisch und ein Blatt gehackten Doppelrahmkäse legen, drei gleiche Schichten übereinander legen, mit einem Nudelblatt abschließen und mit geriebenem Mozzarella-Käse bedecken.
5. 20 Minuten bei 180 Grad Celsius backen.

91. HÄHNCHENLASAGNE IN BÉCHAMELSAUCE

Zutaten

- 1 Hähnchenbrust
- 1/2 weiße Zwiebel
- 3 Zähne Knoblauch
- 2 Esslöffel Butter
- 1 Schachtel oder Pfund Pasta für Lasagne
- 1 Glas Vollmilch
- 2 Esslöffel Weizenmehl
- 1 Tasse Basisbrühe, wo die Brust gekocht wurde
- 1/2 Teelöffel Muskatnuss
- 1 TL Basilikum
- 1 TL Oregano
- nach salz und pfeffer schmecken
- 1 Zweig Rosmarin
- 450 Gramm Mozzarella-Käse
- 1 Blatt Lorbeer

Schritte

1. Die Brust in Wasser wie folgt kochen: zwei Zweige Sellerie, 1/2 Karotte, 1/2 weiße Zwiebel, zwei Knoblauchzehen, die Brühe aufbewahren.
2. Die Bechamelsauce wird so zubereitet: In einem Behälter oder Mixer Milch, Weizenmehl, Muskatnuss, Pfeffer und Salz hinzufügen.
3. Die Butter in einer Pfanne schmelzen.
4. Fügen Sie die fein gehackte Zwiebel und den Knoblauch hinzu.
5. Die Mischung für die Béchamelsauce hinzufügen.
6. Lorbeerblatt, Oregano und Basilikum hinzufügen, zwei Minuten kochen lassen, wenn es anfängt einzudicken.
7. Fügen Sie das Huhn hinzu und rühren Sie um, um die Aromen zu vermischen.
8. 1/2 Tasse Brühe hinzufügen.
9. An einem feuerfesten Ort die erste Nudelschicht platzieren.
10. Fügen Sie die andere Hälfte der Brühe und die erste Hühnchenschicht hinzu.
11. Noch ein Nudelbett.
12. Geriebener Mozzarella-Käse.

13. Mehr Pasta und mehr Hühnchen und so weiter, bis wir drei Stockwerke bauen.
14. Die oberste Etage ist mit Käse belegt.
15. 20 Minuten bei 220 Grad Celsius gebacken.
16. Dann 5 Minuten gratinieren. Dienen

92. HÜHNCHENLASAGNE

Zutaten

- 100 g Mehl
- 1 Hähnchenbrust
- Parmesan
- 1 Liter Milch
- 1 Riegel Butter
- Salz
- Lasagne-Nudeln
- Feuerfestes Glas

Schritte

1. Brust mit Salz und Knoblauch nach Geschmack kochen.
2. Die Nudeln einige Minuten in kochendem Wasser passieren und herausnehmen.

3. Im Mixer die Milch, das Mehl, die Butter, eine Prise Salz und, wenn Sie möchten, etwas Milchcreme (mixen, bis alle Zutaten vermischt sind) auf die Hitze erhitzen, bis es eindickt.
4. In das feuerfeste Material legen Sie eine Schicht Nudeln, dann eine Schicht zerkleinertes Hühnchen, eine Schicht Käse und die vorherige Mischung, wieder eine Schicht Nudeln und so weiter, bis zwei oder drei Schichten hoch sind.
5. Den Backofen ca. 5 Minuten vorheizen und dann das Geschirr für 45 Minuten auf 140 Grad bringen.
6. Zum Schluss die Lasagne aus dem Ofen nehmen und genießen.

93. GRÜNE ERBSENNUDELN MIT RUCOLA

Zutaten

- Salz-
- 250 g Penne aus grünen Erbsen
- 90 g Rucola
- 5 EL entkernte schwarze Oliven
- 125 g Mozzarella
- 2 EL Olivenöl
- 1 EL Balsamico-Essig
- 1 TL Aglio-e-olio Gewürzmischung
- Pfeffer
- scharfes Paprikapulver
- 2 EL Kernmischung

Vorbereitungsschritte

1. 2 Liter Wasser zum Kochen bringen, salzen und Erbsen darin 6 Minuten garen. Dann abgießen, abtropfen lassen und abkühlen lassen.
2. Inzwischen Rucola putzen, waschen und trocken schütteln. Oliven in Scheiben schneiden. Mozzarella abtropfen lassen und in Würfel schneiden.
3. Dressing mit Olivenöl, Essig, Salz, Aglio-e-olio, Pfeffer und Paprikapulver mischen. Fügen Sie nach Belieben etwas Wasser hinzu.
4. Penne mit Rucola mischen, mit Oliven, Mozzarella und Kernelmischung bestreuen und mit dem Dressing beträufeln.

94. LASAGNE OHNE BACKOFEN

Zutaten

- Blätter Lasagne Pasta (8)
- Geflügelbrust
- Rinderhack
- zwei Tomaten
- Tomatenmark oder Tomatensauce
- zwei große Zwiebeln
- Zerhackter Knoblauch
- Farbe
- Gehackter Käse
- Geriebener Käse
- Salz

Schritte

1. Die Brust kochen und dann zerkleinern und dann mit Tomaten und Zwiebelwürfeln anbraten, Knoblauch und Salz nach Geschmack und einem Hauch von Farbe hinzufügen.
2. Machen Sie das gleiche mit dem Hackfleisch, kochen und braten Sie es mit Tomate, Zwiebel, Knoblauch und Salz (ich habe etwas Semmelbrösel hinzugefügt oder Sie können Toast verwenden) und mischen Sie dann das bereits gekochte Fleisch mit der Brust, die wir zuvor gemacht haben.
3. In einer Pfanne bei schwacher Hitze das Tomatenmark oder die Sauce zu dem gemischten Fleisch und Hühnchen geben und etwa 5 Minuten ruhen lassen.
4. Um die Lasagne-Nudeln zu kochen, einen Topf mit Wasser zum Kochen bringen, wenn es kocht, die Blätter nicht länger als 5 Minuten hinzufügen, damit sie weich werden und horizontal und vertikal platzieren, damit sie nicht klebt. Nehmen Sie die Nudeln heraus und legen Sie sie einzeln in Aluminium, damit sie nicht kleben
5. Beginnen Sie in einer Pfanne mit der Zubereitung der Lasagne, Schicht für

Schicht, des Proteins, des gehackten Käses und der Nudeln. Als letztes den geriebenen Käse dazugeben, 5 Minuten zugedeckt schmelzen und fertig.

95. FLEISCHLASAGNE OHNE BACKOFEN

Zutaten

- 1 grüne Paprika
- 1 rote Paprika
- 1 Karotte
- 2 Zähne Knoblauch
- zwei große Zwiebeln
- 1 1/2 Dose Tomatenpüree
- 1 Packung Lasagneteig
- 500 ml Bechamelsauce
- 400 gr Hackfleisch
- 400 gr Hackfleisch
- 400 gr Frischkäse
- 100 gr Parmesan

Schritte

1. Gemüse hacken
2. In einem Topf etwas Öl und Butter erhitzen
3. Dann Zwiebel, Pfeffer und Knoblauch dazugeben
4. Wenn es gekocht ist (durchsichtige Zwiebel) die Karotte und das Tomatenpüree hinzufügen add
5. Das Hackfleisch dazugeben und in kleine Stücke trennen
6. Die Gewürze nach Geschmack hinzufügen, ich habe verwendet: Lorbeerblatt, Salz, Gemüsebrühe, Oregano, roter Pfeffer und schwarzer Pfeffer
7. Alles mischen und ca. 1 Stunde kochen lassen, damit die Zutaten gut integriert sind. Gelegentlich umrühren
8. Dieser Schritt ist nur, wenn Sie die Lasagne ohne Ofen zubereiten oder den Ofen nur zum Bräunen verwenden möchten: Wasser in einem Topf mit Salz und Öl zum Kochen bringen und die Nudeln nacheinander hinzufügen.
9. Die Lasagne zusammenbauen!
10. Geben Sie ein wenig von der Sauce, dann die Nudeln, die das feuerfeste Material oder die Pfanne bedecken, geben Sie eine großzügige

Schicht Sauce und Frischkäse hinzu und wiederholen Sie den Vorgang

11. Die letzte Nudelschicht auflegen, die weiße Sauce, den Frischkäse und den Parmesankäse hinzufügen add
12. Wenn Sie einen Ofen haben, können Sie ihn einige Minuten hineinschieben, damit der Käse schmilzt und braun wird.

96. BANANENKUCHEN

Zutaten

- 3 reife Bananen
- 4 Veleños-Sandwiches
- 7 Scheiben Frischkäse
- 7 kleine Lasagneformen

Schritte

1. 3 reife Bananen auswählen, schälen und mit ausreichend Wasser kochen.
2. Koche die Banane, bis sie weich ist. Bananen pürieren, Formen mit Butter einfetten.
3. Eine dünne Schicht in die Form geben und Sandwichstreifen schneiden.

4. Fügen Sie eine weitere Schicht Bananenpüree hinzu und fügen Sie eine Scheibe Käse hinzu. Gebacken, bis der Käse goldbraun ist, servieren und begleiten Sie das Mittagessen.

97. FLEISCH-CRPE MIT SALAT

Zutaten

- 3 Zweige Sellerie
- 5 Erdbeeren
- 1 Milchcreme
- 1 fettarmer Joghurt
- 1 gewürfelter grüner Apfel
- Optional: gemahlene Erdnüsse oder Sesam)
- Lasagne-Nudeln
- 250 Gramm Rinderhack
- Gemischtes Gemüse (Albergas, Karotten, Bohnen) gekocht
- Tomatenmark
- Bauernkäse oder fettarmer Käse

Schritte

1. Das Fleisch in einer Schüssel mit Wasser mit Salz und Pfeffer nach Geschmack kochen.
2. Wenn das Fleisch fertig ist, mit dem gemischten Gemüse und dem Tomatenmark vermischen.
3. Kochen Sie die Lasagne-Nudeln für 10 Minuten.
4. Den Crpe mit 3 Schichten Lasagne und 2 Fleischstücken zusammensetzen (optional Schinken- oder Käseeinlage hinzufügen) und zwischen den Schichten Milchcreme und geriebenen Käse hinzufügen und vollständig mit Milchcreme bedecken. Backen, bis die gewünschte Konsistenz der Pasta erreicht ist. Empfohlen 20 min.
5. Sellerie, Apfel, Erdbeeren hacken, würfeln, Erdnüsse zerdrücken und alles mit dem Joghurt und der Hälfte der Milchcreme vermischen.

98. FLEISCHLASAGNE

Zutaten

- 1 Packung Lasagne oder Wan-Tan-Nudeln
- 250 g geriebener Mozarrona-Käse
- Bechamelsauce
- 1/2 Liter Milch
- 1/4 Tasse Mehl
- 1 TL Pfeffer
- 1/2 Teelöffel Muskatnuss (optional)

Salz schmecken

- Fleischsoße
- 1/2 kg spezielles Rinderhackfleisch
- 1 TL Pfeffer
- 1/2 Teelöffel Kreuzkümmel
- 1 TL Ajinomoto

- 1/2 Tasse Zwiebel
- 1/4 Tasse Öl
- 1 Umschlag Pomarola

Schritte

1. Um die Fleischsauce zuzubereiten, fügen Sie das Öl und die Zwiebel hinzu, um sie zu braten. Dann Fleisch, Pfeffer, Kreuzkümmel hineinlegen und garen, bis das Fleisch gar ist. Zum Schluss die Pomarola-Sauce und das Ají-no-moto hinzufügen. Vom Herd nehmen und aufbewahren.
2. Um die weiße Soße zuzubereiten, die Milch zum Kochen bringen und nach und nach das Mehl unter Rühren hinzufügen. Fügen Sie Salz, Pfeffer und Muskat hinzu, während Sie die Mischung rühren, bis sie eindickt. Vom Herd nehmen und aufbewahren.
3. Die Nudeln oder Wan-Tan-Teig 30 Sekunden in heißes Wasser legen, herausnehmen und auf eine separate Fläche oder ein Küchentuch legen, ohne zu überlappen.

4. Lasagne zusammenbauen: Zuerst eine Schicht Fleisch, dann eine Schicht weiße Soße und drittens die Schicht geriebenen Käse auflegen. Wiederholen Sie in dieser Reihenfolge noch 2 Mal. Zum Schluss eine weitere Schicht geriebenen Käse hinzufügen.
5. In den vorgeheizten Backofen bei 180 °C für ca. 40 Minuten stellen.

99. REIFE LASAGNE MIT FLEISCH

Zutaten

- Hackfleisch hängt davon ab, wie viele Portionen es sein wird, berechnen Sie
- Senf
- Tomatenmark
- Salz und Pfeffer
- achiote
- Kreuzkümmel
- zwei Knoblauchsamen oder Knoblauchpaste
- Weiche Soße
- Butter
- 1 Tasse Milch
- 2 Esslöffel Maisstärke

Schritte

1. Die reifen aus der Schale nehmen, in 2 Teile schneiden und kochen, bis sie weich und gelb sind.
2. Wir entfernen das Wasser aus dem gekochten Wasser und pürieren sie, fügen eine Prise Salz und 1 Esslöffel Butter hinzu und wenn alles integriert ist (Püree oder Brei, wenn das reife heiß ist)
3. In eine Pfanne geben wir das Fleisch, das bereits Senf, Knoblauch, Achiote, Kreuzkümmel, Salz enthält, nach Belieben würzen, wenn das Fleisch goldbraun ist, geben wir 3 Esslöffel Tomatenmark hinzu und schalten den Brenner aus
4. Ich verwende eine kleine Aluminiumform, aber es hängt von der Menge ab, die mehrere der Größe der Form ergibt. Ich lege eine Schicht reifes und eine andere Fleisch und eine andere reife.
5. Für die weiße Soße erhitzen wir einen Topf, geben 2 Esslöffel Butter und mischen die Tasse Milch und die 2 Esslöffel Maisstärke, wenn die Maisstärke gut in die Milch eingearbeitet ist, wir geben sie mit der Butter in den Topf und rühren ständig, bis sie ist dick Es ist fertig, wir fügen Salz und Pfeffer nach Geschmack hinzu, wir fügen die weiße Sauce zum reifen und optional

geriebenen Mozzarella-Käse hinzu und stellen ihn für 10 Minuten in den Ofen.

100. LASAGNE MIT HÜHNCHEN, SPINAT UND KÄSE

Zutaten

- 12 Teller vorgekochte Lasagne
- 300 Gramm gewaschener Spinat
- 1 Zwiebel
- zwei gekochte und zerkleinerte Hähnchenbrust
- 8 Esslöffel hausgemachte Tomatensauce
- 500 ml Bechamelsauce
- 200 Gramm in Scheiben geschnitten Mozzarella Käse
- Olivenöl
- Salz

Schritte

1. Backofen auf 220 vorheizen.
2. Hacken Sie die Zwiebel und braten Sie sie, bis sie transparent aussieht.
3. Den Spinat hinzufügen und kochen, bis das gesamte Wasser, das sie freisetzen, verdunstet ist.
4. Fügen Sie das Huhn zum Spinat und zur Zwiebel hinzu.
5. Bechamel dazugeben und umrühren.
6. Bereiten Sie die Pasta gemäß den Anweisungen vor und beginnen Sie, sobald sie fertig sind, die Lasagne zusammenzustellen. (Es hängt von der Marke ab; es werden unterschiedliche Anweisungen vorliegen).
7. In eine Auflaufform ein wenig Bechamel geben, dann Lasagne-Teller, dann Füllung und Käse. Wiederholen und mit einer Schicht Nudeln abschließen.
8. In der letzten Nudelschicht Tomatensauce verteilen. Mehr Käse verteilen.
9. Backen Sie die Lasagne, bis sie goldbraun ist und der Käse schmilzt (ca. 40 Minuten habe ich es geschafft).
10. Wenn Sie die Lasagne aus dem Ofen nehmen, lassen Sie sie vor dem Servieren einige Minuten warm, damit sie beim Servieren nicht auseinanderfällt. Guten Appetit.

FAZIT

Pasta ist gefüllt, billig, schnell zu kochen und lecker! Pasta kann Teil einer absolut gesunden Ernährung sein. Frische Pasta mit herzhaftem Gemüse, Kräutern und Olivenöl ist ein Grundnahrungsmittel der mediterranen Küche und absolut köstlich.

CPSIA information can be obtained
at www.ICGtesting.com
Printed in the USA
LVHW080737060422
715401LV00010B/420

9 781804 652879